Tim Pröse

Mario Adorf

Zugabe!

Tim Pröse

Mario Adorf

Zugabe!

Kiepenheuer & Witsch

MIX
Papier aus verantwortungsvollen Quellen
FSC® C014496
FSC
www.fsc.org

Verlag Kiepenheuer & Witsch, FSC® N001512

1. Auflage 2019

Umschlaggestaltung: Rudolf Linn, Köln
Umschlagmotiv: © Markus Tedeskino / Agentur Focus
Gesetzt aus der Aldus und Wask New
Satz: Buch-Werkstatt GmbH, Bad Aibling
Druck und Bindung: GGP Media GmbH, Pößneck
ISBN 978-3-462-05279-4

Vorwort

Hunderte Male bin ich an diesem Haus an der Münchner Maximilianstraße vorbeigegangen. An diesem Ort, an dem sich sein Lebenstraum erfüllte. Die legendäre Falckenberg-Schule in den Münchner Kammerspielen. Hier begann alles für ihn. Hier sprach er zum ersten Mal vor, und hier nahmen sie ihn auf. Vielleicht liegt es an der Anmut dieser Straße und ihrem Leuchten, vielleicht aber auch nur an ihm. Jedenfalls kam er mir beim Gang über die Maximilianstraße fast immer in den Sinn. Jener berühmte Absolvent dieser Schule, an der auch seine Kollegen wie etwa Otto Sander anfingen, Joachim Król, Sebastian Koch oder Katja Riemann. Und immer war da dieser Wunsch, den Mann, der 1953 hier sein Glück suchte, einmal von nahem zu erleben.

Ich lebe in München, bin freier Journalist und Autor und hatte Mario Adorf in den vergangenen Jahren ein paarmal interviewen können. Bis wir dann beide auf die Idee zu diesem Buch kamen. Ein Jahr lang durfte ich ihn dafür begleiten. Wir trafen uns in München, wo er eine Wohnung hat, in Berlin, in Frankenberg in Hessen, in Weimar, Erfurt, und schließlich lud er mich ein, eine Woche in seinem Haus in Saint Tropez in Südfrankreich zu Gast zu sein. Jeden Tag dort führten wir lange Gespräche.

Wir saßen in seinem Garten, der an einem Hang oberhalb des Ortes liegt. An einem seiner Lieblingsplätze, beschirmt gegen die Sonne von einer Pergola, über die wilder Wein wächst. Und von der der Blick bis hinunter zum Golf von Saint Tropez geht. Bis der Abend kam und die Lichter in den Häusern, Cafés und Bars zu glimmen begannen. Eine Stille zog auf, die nur vom Zirpen der Zikaden unterlegt war. Mir kam diese Ruhe nach den Gesprächen und auch das Gefühl danach immer mächtig vor. Denn wenn Adorf aufhörte zu erzählen, redete es trotzdem in einem weiter, lange noch. Adorf hallte nach.

Dieses Buch möchte sich auf die Suche machen nach dem Charakter und der Seele des Menschen Mario Adorf. Es hat nicht den Anspruch, eine komplette Biographie zu sein, denn Adorf hat selbst einige wunderbare biographische Bücher geschrieben. Die folgenden Seiten sind eher ein Porträt über ihn. Auch eine Spurensuche, eine große Reportage mit ausführlichen Interviews, von denen hier das meiste im Wortlaut wiedergegeben wird. Dieses Buch ist als Geschenk gedacht für sein Publikum und alle, die Mario Adorf von nahem oder weitem erlebt haben, manche ein Leben lang. Es ist seine »Zugabe«.

München, im Januar 2019
Tim Pröse

Good Bye Johnny

Es gibt da dieses Unerklärliche, das ihn umgibt. Jene typische Adorf-Aura. Von der es heißt, er könne mit ihr einen Raum, den er gerade erst betreten hat, aus dem Stand heraus für sich einnehmen. Manchmal kommt es einem sogar so vor, als wäre seine Aura schon vor ihm da. Etwa, wenn er irgendwo entfernt spricht und man sich auf den Weg zu ihm macht. Seine Stimme mit diesem Kaminknistern kündigt ihn dann schon von weitem an und nimmt Besitz von einem.

Dieses Buch möchte diesem Unerklärlichen, das er stets mit sich führt, näherkommen. Denn es hat ihm großes Glück gebracht, so viel steht fest.

Oft wird er in unseren Gesprächen behaupten, dass ihm das Glück einfach begegnet sei in seinem Leben. Dass er es einfach nur aufsammeln musste, als hätte es an seinem Wegesrand gelegen. Oder mitten auf der Straße vor ihm. Ich mag ihm das manchmal glauben und manchmal nicht. Diesem Mann, der verborgen unter seinen Hemden einen Glücksbringer an einer langen Halskette trägt. Ein kleines Goldnugget.

Was das ihm denn bedeute, frage ich. »Nichts weiter«, antwortet Adorf dann. Erst stutze ich, aber eigentlich hat er ja recht. Denn einen Talisman brauchte er tatsächlich nicht in seinem Leben. Das Glück war ihm auch so immer gewogen.

Je länger ich ihn beobachten und begleiten durfte, desto mehr spürte ich, dass Worte allein nicht reichen, um ihn zu erklären. Nicht bei einem wie ihm. Und so ist es wie meistens, wenn Worte enden – manchmal hilft dann die Musik weiter. In der Tat gibt es eine Melodie, die einiges über diesen Mario Adorf erzählt, die ihn nah und lebenslang begleitet hat. Es ist »Good Bye, Johnny«. Eines seiner Lieblingslieder. Sein Kollege Hans Albers machte es berühmt.

Es steckt einiges von Mario im Johnny-Song. So tief und mitunter versteckt, dass man das Lied oft anhören muss, um alles herauszulesen, was in ihm verborgen liegt. Von ihm. Von Adorf.

Ich kenne und mag diese Melodie seit Kindertagen, aber so vertraut und gegenwärtig war sie mir bisher im ganzen Leben nicht. Denn es ist Adorfs Melodie. Er summte, pfiff oder sang ihre Strophen immer wieder leise vor sich hin, in diesen Tagen, in denen ich ihn besuchte. Selten in meiner Gegenwart. Aber immer dann, wenn er nachts noch einmal durch seinen Garten spazierte und ich schon im Bett lag. Oder wenn ich tagsüber in seinem Haus schrieb und er mit seiner Frau Monique redete.

Ich dachte bis dahin immer, »Good Bye, Johnny« sei ein uralter Schlager. Dass dieses Lied aber erst geschrieben wurde, als Mario Adorf neun Jahre alt war, ahnte ich nicht.

Und nun hörte ich also immer wieder Adorf mit diesem Lied auf den Lippen. Und ich malte mir dazu diese vielen kleinen und doch gewaltigen Stücke seines Lebens aus, die er mir Tag für Tag erzählte. Da verstand ich dieses Lied erst richtig. Handelt es doch von einem jungen Kerl, wie er einer gewesen sein musste. Ein junger Mann, wahrscheinlich ein Soldat, der wie Adorf den Krieg erleben musste. Und der nun den Tod seines Freundes oder Kameraden besingt. Ganz klar wird es nicht, ob dieser Johnny und sein Freund Soldaten gewesen waren. Oder ob sie vielleicht wie einst Adorf einem Trupp »Jungvolk« angehörten, junger Kerle, die eine Fahne vor sich hertrugen. So wie Johnny im Lied. Jedenfalls traf diesen Johnny dann eine Bombe. Ganz genau so, wie sie Adorf hätte treffen können damals, an fast jedem einzelnen dieser letzten Kriegstage.

»Die Bombe macht bumm. Da fiel mein Johnny um. Cheerio. Cheerio …«, heißt es im Lied. Und dass es dem einen, der die Bombe überlebt, nun vor Trauer das Herz zerreißt: »Bricht mir auch heut das Herz entzwei …«, heißt es weiter. So viel Pathos, nein, so viel echtes Gefühl erlaubt sich dieses Lied. Bevor es sich mit jener dahingeschnodderten, ja fast schon albernen Zeile tröstet: »In hundert Jahren, Johnny, ist doch alles vorbei …!«

Im »Johnny«-Lied will jemand tapfer sein und kühl bleiben, selbst als es ihm seinen besten Freund hinfortfegt. So hatte das auch der kleine Mario gelernt bei der Hitlerjugend, als er selbst neun Jahre alt war und Hans Albers diesen Schlager aus dem Volksempfänger heraussang. Weil dieses an sich wunderbare Lied leider gut in diese verdammte Epoche passte. »In hundert Jahren, Johnny, ist doch alles vorbei …!« Es hob sich aber auch etwas ab von den Durchhalteparolen dieser Zeiten. Sie dröhnten aus den Lautsprechern hinein in die Wohnzimmer oder die Stellungsgräben und Baracken an der Front. Das vom »Johnny« klang ein paar Grad wärmer als die anderen und ein bisschen menschlicher.

Fast 80 Jahre später summt und singt Adorf nun dieses Lied. Oder immer noch. Und ich stelle mir vor, dass er sich dabei bis heute noch ein wenig so fühlt wie damals. Dass er sich dabei an manchen Schmerz erinnert. Aber dass er es ebenso trotzig weitersingt, auch, um sich Mut zu machen, fast so wie damals.

»Eines Tages, eines Tages, mag's im Himmel sein, mag's beim Deubel sein, sind wir wieder vereint …«, geht es weiter, und auch diese Zeile klingt sehr nach Adorf. Nach diesem Messdienerjungen von damals, der schon zu dieser Zeit nicht an den lieben Gott glauben konnte und wollte. Und der allem Frommen bis heute seinen Gleichmut und seine Lässigkeit entgegenstellt. Fast so, als wäre es ihm wirklich egal, wo man sich denn wiedersehe. Im Himmel oder in der Hölle. Oder gar nicht.

Denn was wirklich zählt im Lied wie im Leben des Mario Adorf – und zwar damals wie heute –, das beschreibt erst die letzte Strophe: »Mach's mir nicht so schwer. Ich muss weiter, immer weiter, meinem Glück hinterher!«

Da will einer um jeden Preis nach vorn schauen. Selbst wenn er gerade eben noch zurückdachte an das Sterben seines Freundes. Und deswegen bittet er seinen toten Freund auch, ihn von allzu viel Trauer zu verschonen: »Mach's mir nicht so schwer …«

Ganz ähnlich funktioniert dieser Adorf vielleicht in seinem Innersten. Damals wie heute. Er ist sein Leben lang von dieser Unverzagtheit, wie sie auch sein Kollege Albers besaß. Der sang sein »Good Bye, Johnny« auch nach dem Krieg, mit gleicher Stärke und gleichem Selbstvertrauen, und richtete so einige Menschen auf, die damals in einem Land aus Trümmern und Ängsten lebten.

Auch Mario stammt aus diesen Trümmern. Und erlebte mehr als einmal das Sterben um ihn herum. Dreimal hätte es ihn selbst beinahe erwischt. Er war wie der tapfere Junge aus dem Lied, der dem ganzen Leid durchaus ins Auge sieht. Der auch mitfühlt. Der aber auch weitermuss! Der sich deswegen zusammenreißt. Und Stärke zeigt. Sogar Härte. Auch zu sich selbst. Um weiter sein Glück suchen zu können. Und es zu finden.

Viel von seinem Glück hat Mario weitergegeben. An sein Publikum. Dieser Mann, der seine Zuschauer berührt. Dieser Mann, in dem es selber rührt. Der durchaus empfindsam ist für jedes Gefühl. Der dabei aber stets so stark bleibt, ja unerschüttert wirkt. Und nie aufgibt. Oft geht das sogar so weit, dass er auch die Leute, die ihn erleben, auf der Bühne, im Fernsehen oder im Kino, stärker macht. So ist das nun mal bei diesem »Johnny« Adorf.

Und das ist vielleicht auch der Grund, warum er dieses Lied nicht nur in seinem Garten in Saint Tropez singt, sondern genauso bei einer seiner bisherigen Tourneen. Auch bei seiner nächsten hat er es wieder vor.

Diese Tournee und dieses Buch tragen beide den Titel »Zugabe«. In diesem Wort steckt die Freude, dass der Künstler noch einmal zurückkehrt. Aber auch die Melancholie. Denn eine Zugabe gibt es ja immer nur, wenn das Stück schon gespielt ist. Und das Ende absehbar.

Wird diese Zugabe also seine letzte sein? Die Antwort könnte er jetzt in Johnny-Art trotzig und tapfer selber geben: »In hundert Jahren ist doch alles vorbei …«

Nahaufnahme

Gelegentlich umweht diesen Mann eine Einsamkeit. Bei aller Beliebtheit. Bei so vielen Kollegen, mit denen er arbeitete. Von denen fast alle nur zu gerne mit ihm befreundet gewesen wären. Und er selbst mit einigen wenigen auch. Doch das war immer schwierig.

Beschenkt ist er von Natur aus mit seinem Äußeren. Als würde das nicht reichen, ist er aber auch noch begünstigt von der Zeit. Sein Gesicht wurde mit den Jahren immer besser. Wie zum Beweis reicht ein Blick auf eines seiner Fotos aus seinen jungen Jahren und dann auf eines aus heutigen Tagen – wie jenes auf dem Cover des Buchs.

Da ist erst einmal dieses Kinn. Von dem behauptet wird, erfolgreichen und zielstrebigen Männern stünde es wie ein Kennzeichen ins Gesicht. Adorfs Jugendkinn war ein besonders kantiges, sperriges. Einem liegenden Dreieck gleich ragte es einst aus seinem Profil. Verwegen, herausfordernd. Mit ihm und seinen Augen flößte er seinem Publikum Angst ein in seinen bösen Rollen. Aber er konnte auch witzig sein mit ihm. Schob er es den Zuschauern entgegen, hatte es etwas nussknackerartig Komödiantisches.

Heute liegt die Haut über diesem Kinn natürlich nicht

mehr so straff wie damals als junger Held. Aber das lässt diese Gegend in seinem Gesicht freundlicher erscheinen. Über sie wächst zudem dieser italienisch dichtstehende Bart.

Ganz ähnlich gut meint es die Zeit mit dem anderen Ende seines Gesichts. Noch bis in die 90er Jahre hinein stahl ihm sein tiefer Haaransatz fast die Hälfte seiner Stirn, nahm sie für sich in Beschlag. Bändigen musste er ihn, zurückkämmen und halten, dass ihm die Haare beim Spielen nicht vor die Augen fielen. Wie sein Kinn gab ihm auch seine Stirn diese Strenge. Mehr noch diese Entschlossenheit, die er in seine Rollen legte. In den letzten Jahren hat sich auch diese Partie seines Gesichts gemildert. Ins Gütige gewandelt. Ihm weht nun beim Reden und Spielen sein weißer Scheitel in die Stirn. Meistens dann, wenn er sich für etwas begeistert.

Heute haben sich beide Partien beinahe angeglichen. Doch immer noch ist Adorfs Kinn größer als seine Stirn. Unterlassen hat Adorf es, seine Haare zu färben. Schlohweiß und fein sind sie geworden. Sie liegen nun nicht mehr widerborstig und niedergedrückt auf seinem Schädel, sondern immer noch beneidenswert voll und zahlreich.

Von allen grad wieder angesagten Vollbärten besitzt Adorf den zeitlosesten. Da ist keine ausgedünnte Gesichtswiese. Stattdessen gleicht sein Bart englischem Rasen. Er wächst zumindest so dicht und ist auch so gepflegt. Sein Bart ist es denn auch, der sein an sich volles

Gesicht, die ausgeprägte Wangenpartie seiner Mutter, schlanker aussehen lässt.

Ein klein wenig von der dunklen Pracht der jungen Jahre hat sich gehalten in seinem Schnäuzer, der nun noch leicht grau meliert ist. Schwarz geblieben sind bloß noch seine Brauen, sieht man über die paar weißen Einsprengsel in ihnen hinweg.

Schwarz blieben auch seine Wimpern. Und zwar einmal rundherum, nicht bloß auf seinen oberen Lidern stehen sie Spalier, auch auf seinen unteren. Und verhelfen so seinem dunkelbraunen Blick, seinem wichtigsten Werkzeug als Schauspieler, zu voller Geltung.

Auf seine Augen aber hat sich Adorf nie ganz allein verlassen. Meist hat er alles um sie herum in sein Spiel miteinbezogen. Die Winkel seiner Augen ausgereizt, ihre Höhlen voll Erstaunen oder Witz geweitet oder sie blinzelnd verengt ins Hinterlistige, gar ins Abgründige. Spuren all jener Kunst sind geblieben und haben sich verfestigt in den zwei Halbmondfalten unter seinen Augen.

Von Natur aus ist seine Haut eingefärbt wie die unterste Schicht eines noch nicht gerührten Latte macchiato. Und wenn er sich gesonnt hat, was er immer noch gerne und ausgiebig tut, trägt er einen Bronzeton. Als hätte er ein Stück seiner geliebten südlichen Sonne für sich gepachtet. Nebeneffekt: Sein Haar und Bart bleichen am Strand aus und strahlen weiß wie Neuschnee. Und ja, da stehen auch ein paar Altersflecken zwischen Stirn und Kinn. Die sich aber auflösen in ihren Konturen, weil ihr Besitzer kaum mit einem blassen Gesicht anzutreffen ist.

Viele sagen, er sehe heute besser aus als vor 30, 40 Jahren. Wer sich ein altes Video in der Mediathek des Norddeutschen Rundfunks heraussucht, stößt auf einen Adorf aus dem Jahr 1986, als er dort Gast der NDR-Talkshow war. Und tatsächlich wirkt dieser drei Jahrzehnte jüngere Mann in einigen Momenten der Sendung eine Klasse unter seinem heutigen Kaliber. Seine Haare sind leicht struppig frisiert, sie driften gerade vom Tiefgrauen ins Hellgraue. Sein Bart ist längst nicht so gut gestutzt wie heute. Aber, was noch auffälliger ist: Dieser 56-jährige Mann da in der Talkshow pflegt tatsächlich ein paar typische Schauspielerallüren. Er redet wie immer sehr klug und unterhaltsam, aber mitunter auch leicht gespreizt. Seine Sprachmelodie trägt sogar einen Hauch Arroganz in sich. Immer zum Satzende hin hebt er sein Timbre. Er wendet sich dabei der Moderatorin nicht wirklich zu, zeigt ihr fast seine kalte Schulter. Und er dirigiert mit seiner rechten Hand in der Luft zu seinen Worten.

In seinen angeblich besten Jahren scheint dieser Adorf um einiges weniger zu wirken als heute. Nicht in seinen damaligen Filmen, dort ist er damals so gut wie heute, aber in diesem Format schon. Es mag sein, dass er an diesem Tag schlecht gelaunt war, tatsächlich kam er auch in die Show direkt nach einer anstrengenden Theatervorstellung. Damals machte er sicher einen guten Eindruck, aber dieses typisch Raumgreifende hatte er noch nicht entfaltet. Auch nicht die Souveränität und jene Coolness. Die Grazie von heute.

Der Davongekommene

Herr Adorf, Sie haben einen Tieffliegerangriff im Zweiten Weltkrieg nur knapp überlebt. Und auch jenen Moment, als ein Bomber seine Fracht auf das Feld gekippt hat, auf dem Sie gerade arbeiteten. Sie haben sich damals vor Verzweiflung in den Boden eingegraben …
Ja, für mich war das eine meiner beiden Grunderfahrungen des Krieges: die Todesangst und der Hunger. Beides gibt es heute ja Gott sei Dank in unserem Land nicht mehr. Allerdings denke ich manchmal, dass den jungen Leuten heute oft solche existenziellen Erfahrungen fehlen. Man wünscht sie zwar niemandem, aber trotzdem scheinen sie mir wichtig.

Wozu fehlen den jungen Menschen solche Erfahrungen?
Für die Einstellung zum Leben. *Wir* hatten nach diesen Erlebnissen das Gefühl von Zufriedenheit und sogar Glück, weil wir überlebt hatten. Also wussten wir das Leben danach mehr zu schätzen. Ich weiß nicht, inwieweit jemand, der sein Leben nie in wirklicher Gefahr durchstehen musste, dieses Leben wirklich schätzen kann. Genauso ist es mit dem Hunger. Wenn man diesen Hunger, der nicht mit einer Mahlzeit zu stillen

war, überlebt hat, weiß man jedes noch so normale Gericht wirklich zu schätzen.

Geht Ihnen das bis heute so?
Ein bisschen schon, wie vielen meiner Generation. Einigen blieb diese Erfahrung damals allerdings auch erspart. Ich hatte auf dem Gymnasium Mitschüler, die vom Land kamen. Die hatten zu essen und wussten nicht, was Hunger war. Ich guckte mir dann deren Stullen an und dachte: Wenn ich nur das bisschen Schinken bekäme, das bei denen aus dem Brot raushängt … Ich will ja gar nicht das, was auf dem Brot drauf ist. Das ging bis zu meiner Studienzeit in Mainz. Der Hunger nagte ständig in einem herum.

Sie zweifelten damals an einer besseren Zukunft …
Ich glaubte damals zumindest nicht an den Wiederaufbau nach dem Krieg. Für mich war Deutschland kaputt. Und was man so erfuhr, in den Zeitungen las oder im Kino in der Wochenschau sah, war niederschmetternd. Auch unsere kleine Stadt war zu 85 Prozent zerstört, und ich dachte, das wird nie wieder wie früher sein. Doch dann gab es diese mittlere Generation Männer, mit diesem starken Willen zum Wiederaufbau, die ich durchaus bewunderte. Aber diese Leute waren ganz anders gestrickt als ich. Ich hätte selber nicht dazu getaugt, das waren Macher, zum Teil auch Ausbeuter. Die ließen uns Junge für wenig Lohn malochen. Aber es waren eben auch diejenigen, die sagten: Hier stelle ich was hin, hier baue ich was auf.

Wie kamen Sie in dieser Zeit ausgerechnet auf die waghalsige Idee, einen solch brotlosen Beruf wie den des Schauspielers zu wählen?
Daran hatte ich in der Schulzeit noch gar nicht gedacht, es begann erst ganz allmählich bei meinem Studium in Mainz. Auch wenn später bei den Klassentreffen meine alten Mitschüler gerne behaupteten: »Dass du Schauspieler wirst, war uns allen klar! Von Anfang an war uns das klar!« Das stimmte natürlich nicht, aber sie taten so. Es gab andere, die auf der Schule schon Theater spielten. Ich sah da keinen Anreiz. Ich war nicht mal ein guter Schüler, sondern eher nachlässig, bestenfalls der Klassenclown. Mein Lateinlehrer, ein Kölner, nannte mich »Antonius Maximus, den Obertünnes«. Angestrengt habe ich mich nur, wenn ich es unbedingt musste, wenn ich merkte, dass die Noten zu schlecht wurden und wenn meine Mutter unzufrieden wurde mit mir. Sie sagte dann: wenn du nicht lernst, wirst du eben Metzger. Das war ein Satz, der sich mir eingeprägt hat. Und ich wollte alles werden, nur nicht Metzger, auch wenn einer von ihnen uns beim Schwarzschlachten half. Ich durfte dabei sein, als Aufpasser und Schmiere stehen. Später durfte ich einmal eine Kuh mit der Axt zweiteilen. Aber selber Metzger werden, nein, das wollte ich nicht.

Wann setzte denn dann der Ehrgeiz in Ihrem Leben ein – mit dem Studium?
Als Student war ich weder von einem großen Ehrgeiz gepackt noch von einer Selbstsicherheit getragen. Ich

war mir meiner überhaupt nicht so sicher. Aber ich hatte auch nichts zu verlieren! Sagen wir mal so: Mein Ehrgeiz war immer kleiner als meine Wurschtigkeit.

Sie sollen wurschtig gewesen sein? Schwer zu glauben …
Doch, doch, ich dachte bloß, was kann mir Schlimmes passieren? Ich war wirklich nie ehrgeizig. Viele Dinge habe ich nur getan, weil sie am Wegesrand lagen. Das muss ich zugeben. Ich habe vielleicht die Gabe entwickelt, Chancen zu erkennen. Auch heute denke ich: Man muss lernen, das Glück zu packen. Lange festhalten kann man es zwar nicht, aber man muss es immer wieder packen. Man darf nicht denken, dass Glück irgendwas ist, das einem irgendwann passiert oder nicht passiert.

Mit dieser Einstellung bin ich auch zur Aufnahmeprüfung an der Falckenberg-Schule in München gefahren. Ich habe das einfach probiert, weil München auf meiner Reiseroute nach Italien lag. Ich hatte keine Ahnung, was mich erwartete.

Lebenslauf

Es ist vielleicht kein Zufall, dass er diesen alten Zettel ausgerechnet jetzt erst wiederfand. Vergilbt das Papier, brüchig die Ränder, fast verblichen die Zeilen. Vor 66 Jahren hatte er diesen Lebenslauf geschrieben – um zur Aufnahmeprüfung an der Otto-Falckenberg-Schauspielschule München zugelassen zu werden. Dieses Stück Papier sollte seine Eintrittskarte werden in seine neue Welt. Anfang März 1953 hatte er darauf geschrieben:

Lebenslauf

Ich wurde am 8. September 1930 in Zürich geboren als uneheliches Kind des italienischen Arztes Matteo Menniti und der Röntgenassistentin Alice Adorf. Im Frühjahr 1931 wurde Mayen in der Eifel meine Heimat.
Meine Mutter war bald gezwungen, für ihr und mein Leben alleine zu sorgen, und so arbeitete sie während vieler Jahre voller Entbehrung und Krankheit als Schneiderin. In dieser Zeit war ich in einem Waisenhaus untergebracht. Als dieses bei Kriegsausbruch 1939 aufgelöst wurde, nahm meine Mutter mich zu sich.
Sie wurde bald Schneidermeisterin und ermöglichte mir 1941 den Besuch des Realgymnasiums in Mayen. Der Beruf meiner Mutter brachte es mit sich, daß ich von

jeher sehr auf mich selbst gestellt war. Leider habe ich mein ganzes bisheriges Leben jeden Rates, jeder Wegweisung oder Anspornung entbehrt. Ich liebte die Einsamkeit.

Am 4. Juli 1950 bestand ich mein Abitur, und ich sollte studieren. Ich verdiente mir als Handlanger das Semestergeld und bezog zum Wintersemester 50/51 die philosophische Fakultät der Universität Mainz. Ich belegte nur solche Fächer, die den sehnsüchtigen Seitenblick auf das Theater zuließen.

Meine begeisterte Mitarbeit gehörte der akademischen Studiobühne. Soweit es mein Geldbeutel zuließ, sammelte ich Eindrücke am »großen« Theater mit Abstechern nach Darmstadt, Frankfurt, Wiesbaden und Zürich. Unverhohlen wurde nunmehr das Theater an die Spitze allen Interesses gestellt. Im Zürcher Schauspielhaus durfte ich meine erste Begeisterung austoben. Ich ergriff, was sich mir bot: Bühnenarbeit, Lärmkulissen, Statisterie und zuweilen eine Regieassistenz waren mein Betätigungsfeld. Allabendlich durfte ich Schauspieler wie Kurt Horwitz, Gustav Knuth und Walter Richter sehen und bewundern. Ich tat wirklich einen tiefen Blick in die Welt hinter den Kulissen.

Nach Deutschland zurückgekehrt, war die Entscheidung gefallen (soweit sie bei mir liegen kann): das »Ich will Schauspieler werden« ist zum »Ich muss« geworden.

Mario Adorf

Eingeg. am 9. III 53
Erledigt am ____________

157/53

Lebenslauf.

Ich wurde am 8. September 1930 in Zürich geboren als uneheliches Kind des italienischen Arztes Matteo Mennitti und der Röntgenassistentin Alice Adorf. Im Frühjahr 1931 wurde Mayen in der Eifel, das Städtchen, aus dem der Vater meiner Mutter in die Schweiz ausgewandert war, meine Heimat. Meine Mutter gab nach einer schweren Röntgenstrahlenverbrennung an beiden Beinen ihren alten Beruf auf. Aber bald war sie gezwungen, für ihr und mein Leben alleine zu sorgen, und so arbeitete sie während vieler Jahre voller Entbehrung und Krankheit als Schneiderin. In dieser Zeit war ich in einem Waisenhaus untergebracht. Als dieses beim Kriegsausbruch 1939 aufgelöst wurde, nahm meine Mutter mich zu sich. Sie wurde bald Schneidermeisterin und ermöglichte mir 1941 den Besuch des Realgymnasiums in Mayen. Der Beruf meiner Mutter brachte es mit sich, daß ich von jeher sehr auf mich selbst gestellt war. Leider habe ich mein ganzes bisheriges Leben jeden Rates, jeder Wegweisung oder Anspornung entbehrt. Ich liebte die Einsamkeit, in der ich meiner ersten Leidenschaft huldigte, der Malerei. Später kamen die Bücher hinzu und wenn von meinem späteren Beruf die Rede war, nannte

Herr Adorf, nach dieser schriftlichen Bewerbung folgte umgehend das erste Vorsprechen Ihres Leben, wie war das?

Ich wusste damals z. B. noch nicht, wie man lange Texte auswendig lernen kann, aber mir blieben solche im Gedächtnis, die ich immer wieder gehört hatte. So wählte ich eine für mich völlig falsche Rolle, den Max Piccolomini aus dem »Wallenstein«. Ich nahm auf der kleinen Bühne Anlauf zum Schillertext – so hatte ich es im Zürcher Schauspielhaus gesehen: »Blast, blast! Oh wärens die schwedschen Hörner und alle Schwerter …!« So weit kam ich, beim zweiten Blaa flog ich vorne über die Bühnenrampe und landete unten im Saal. Alle in der Prüfungskommission lachten. Ich dachte: »Aus der Traum«, sagte nur noch ein lautes »Scheiße!« und sah mich schon in meinem Abendzug nach Rom.

Trotzdem wurde ich aufgenommen. Jahre später gestand mir der ehemalige Schulleiter: »Weißt du eigentlich, dass du damals ganz beschissen vorgesprochen hast?« Ich sagte: »Ja, das war mir klar. Aber warum habt ihr mich überhaupt genommen?« »Keiner wollte dich, nur der Intendant der Kammerspiele, Hans Schweikart. Der sagte: ›Probieren wir ihn mal drei Monate aus. Er hat zwei Dinge, die mir aufgefallen sind: Kraft und Naivität!‹

Woher kam die Kraft? Sie sind wirklich nicht privilegiert aufgewachsen. Eher in einer rechten Notlage. Ein unehe-

liches Kind einer armen Mutter, die ihren Sohn ins Waisenhaus geben muss …

Na ja. Meine Mutter arbeitete hart und konnte mich nicht dabeihaben. Das ging eben nicht. Aber im Waisenhaus war ich z. B. besser angezogen als die anderen. Mir wurden auch nicht aus Angst vor Läusen, wie meinen Schicksalsgenossen, die Haare abgeschoren. Meine Mutter hatte da wohl gesagt: Nicht mit meinem Jungen! Ich hatte also einen sogenannten Bubikopf. Mit dem sah ich gesünder und feiner aus als die anderen Kinder. Also, ich war im Waisenhaus schon ein bisschen privilegiert.

Das konnten Sie damals als Kind schon erkennen oder erst im Nachhinein?

Wahrscheinlich hab ich das erst später erkannt. Aber mir fiel schon auf, dass mir die Nonnen im Waisenhaus – was ich eigentlich nicht mochte – immer in die Wange gekniffen haben, vielleicht weil ich gut ernährt aussah und auch nicht ärmlich.

Der Mann auf dem Foto

Jeder Leser hat natürlich sein ganz eigenes Alter, in dem er diesen Jahrhundertmann für sich entdeckte. Für mich sind es die späten 70er Jahre, und die ersten Erlebnisse mit ihm duften nach Steinofen und zerlaufendem Käse. Nach Tomatensauce und Oregano. Denn fast so gut wie ich mich an die allererste Pizza meines Lebens beim Italiener »Il Bacco« in Essen-Altenessen erinnern kann, sehe ich dort auch das Foto hinter einem Silberrahmen im Lokal hängen. Es war das Foto eines Mannes, den ich gar nicht kannte, der mich aber damals schon in seinen Bann schlug. Der Chef der Pizzeria war stolz auf dieses Foto und darauf, dass der »Grande Signore« seinen Namen darauf geschrieben hatte. Er zog dann stolz auch ein weiteres Foto aus seiner Zeit als Kellner hervor, als er bei einem Edelitaliener in Köln angestellt war. Und dieses Foto zeigte ihn mit diesem Mann, mit Mario Adorf, Arm in Arm.

Eine Offenbarung ereignete sich für uns Kinder unterhalb dieses Fotos, als wir die erste Pizza unseres Lebens vor uns dampfen sahen. Wir verbrannten uns als Knirpse den Mund, als wir mit hungriger Ungeduld den ersten Bissen probierten. Und dieser erste Geschmack machte uns neugierig auf ein ganzes neues Land, von dem wir bis dahin nur gehört hatten. Von dem wir aber wussten, dass die Männer, die uns unser Eis verkauften – die Kugel für 20 Pfennige – auch daher stammten. Mit diesen Gedanken-Expeditionen in ein unbekanntes Land und diesem Wohlgefühl im Bauch schauten wir uns dann um in den Pizzerien unserer Kindheit, die »Adria«, »San Remo« oder »Bella Roma« hießen. Und entdeckten: ihn.

Mit dem tomatigen Geschmack noch auf der Zunge, schaute ich mir diesen Herrn auf dem Foto an, den der Wirt so liebte. Er sah aus, als ob er stark sein würde. Abenteuerlustig und elegant. Zwar nicht so wie die Pizzawirte und Eiskugelnverkäufer, die wir kannten. Sondern eben wie einer aus einem damals noch endlos weit entfernten Land. Dieser Mann konnte einem nur gefallen, denn er hatte offenbar etwas zu tun mit unserer Pizza und unserm Eis. Da wir beides über alles liebten, mochte ich auch diesen Mann. Wir ahnten damals noch nicht, dass er im Waisenheim eines Eifelstädtchens aufgewachsen war und seinen Vater, einen italienischen Arzt, nur einmal im Leben gesehen hatte.

Damals glaubten wir tatsächlich, dass dieses Sehnsuchtsland so aussehen würde wie die buntbemalten Wände unserer Vorstadtitaliener. Dass es nur aus diesen weißen Stränden bestehen würde, diesen schnauzbärtigen Männern in den geringelten T-Shirts und diesen Sonnenuntergängen von Capri. Und wir waren auch überzeugt, dass das echte Italien genauso vollgestopft ist mit diesen Fischernetzen und Reusen, die in den

Lokalen zur Zierde unter der Decke hingen und in denen rote Plastikkrebse und Seesterne lagen.

Zum klassischen Italiener gehörte natürlich auch die Porzellanfigur einer schwarzhaarigen Schönheit, die in jeder Ecke des Ristorante stand. Auf den Tischen lagen rot-weiß karierte Stoffdecken, und auf den Tischen schimmerten Kerzen, die in Weinflaschen gesteckt waren und deren Wachs so lange an den Flaschen entlang getropft war, bis es wie ein Korallenriff anmutete. In der Mitte dieser Lokale hatte der Wirt seine schönsten Grappa- und Likörflaschen auf einem Tischchen drapiert. Ein Schwarz-Weiß-Bildchen von Al Capone hing an der Tür für das Männer-WC.

Die Namen der Pizzerien unserer Kindheit klangen allesamt nach Gianna Nanini und ihrem »Bello e Impossibile«. Und wenn nicht, dann nach Eros Ramazotti und seinem »Adesso tu«. Und außerdem war da noch jene gern mit Mahaghoniholz oder einem entsprechenden Imitat vertäfelte Wand, an der der Chef seine Idole aufgehängt hatte. So lernten wir mit unserer ersten Pizza auch Adriano Celentano, Marcello Mastroianni, Sophia Loren – und ihn kennen: Mario Adorf.

Wenn es der stolze Padrone zu etwas gebracht hatte, prangte in einigen der Lokale doch tatächlich seine Unterschrift auf Marios Foto. Bis heute gehört ein Original-Adorf in einem traditionellen Italiener fast wie zum guten Ton. In die Jahre gekommen ist das Foto meistens. An seinen Rändern angenagt und in seiner Mitte gelbstichig und deswegen hinter Glas und eingerahmt. Wenn Adorf es gut gemeint hatte mit dem Wirt oder er wirklich gut gegessen hatte, schrieb er manchmal noch »Con Complimenti« dazu, ganz so wie bei meinem heutigen Italiener um die Ecke, in München-Haidhausen.

Und natürlich bestelle ich bei ihm immer noch die gleiche Pizza, so wie damals die allererste als Kind. Mit Thunfisch. Und wenn ich dann die Augen schließe, sitzt er neben mir. Der Mann neben Sophia Loren auf dem vergilbten Schwarz-Weiß-Foto an der Wand.

Als Mario Adorf höchstpersönlich solch einen Italiener zu betreten, hat für ihn meist etwas Königliches. Ein Ort, an dem ihm der »Vino Rosso«-rote Teppich ausgerollt wird. Sollte man zumindest meinen. »Leider nicht immer!«, schränkt da Mario selbst ein und erzählt von gleich zwei gegenteiligen Erlebnissen, die er jüngst in Hamburg hatte. In Zeiten, in denen viele Italiener nicht mehr von Italienern geführt werden, sondern von manchmal zum Verwechseln ähnlichen Albanern, wird es gelegentlich in Adorfs alten Eldorados steinig. Und so wies ihn der Wirt eines Hamburger Edelitalieners vor kurzem ab, weil der Laden voll war und der Wirt kein Italiener. Adorf zog also weiter durch die Nacht zum nächsten Italiener. Aber auch der war voll und der Wirt aus Montenegro, offenbar auch wieder kein Filmfreund und daher taub und blind für seinen Stargast. Wäre der nicht so hungrig gewesen, er hätte selbst lachen müssen über sein Künstlerpech.

Fehlt jetzt bloß noch eine Adorf'sche Pointe zum

Schluss dieser Italiener-Anekdote: Er erinnert sich, wie er im Rom der 50er Jahre die Bestellung eines deutschen Touristen hörte, die viel belacht wurde. Der hatte in einem Restaurant dort lauthals »Vino Rosso« bestellt und mit vollem Mund noch hinterhergerufen: »Aber roten!«

An Alice Adorfs Hand

Wenn Sie am Wochenende aus dem Waisenheim zurück zur Mutter kamen, hat sie Sie für den sonntäglichen Spaziergang ausstaffiert, Ihnen schöne Sachen genäht, um mit Ihnen durch die Kleinstadt zu spazieren …

… ja, das waren glückliche Momente. Erst später habe ich verstanden, dass das auch eine Demonstration meiner Mutter war, um allen zu zeigen: Hier, das ist mein Kind, und schaut mal her, wie anständig es im Café Kuchen essen kann. Das gab mir Selbstvertrauen. Sie selbst litt unter den äußerlich ärmlichen Umständen unseres Lebens, ich nicht. Wenn mir manchmal irgendwelche Zweifel kamen, ob es gut ist, ein uneheliches Kind zu sein oder wenn nach dem Vater gefragt wurde, dann hat sie mich immer sehr bestärkt. Auch wenn mich andere Kinder auslachten. Dann sagte sie mir immer: Du bist nicht weniger als die! Manchmal hatte sie auch ganz handfeste Ausdrücke dafür: »Der ist auch nicht einem Grafen aus dem Hintern gekrochen.«

Dabei hätte sie bei ihrem Schicksal auch gramgebeugt sein können. Stattdessen kämpfte sie, gewann an Stärke und übertrug diese auf ihren Sohn …

Ja, man muss sich das mal vorstellen: eine alleinstehende, ehemalige Röntgenassistentin. Die Röntgentechnologie war damals eine neue Wissenschaft, und sie hatte schon den ersten Preis im Leben bezahlt. Sie hatte nämlich in einer Praxis in Neapel gearbeitet und bald schon schwere Verbrennungen an den Beinen, weil man damals offenbar noch nicht wusste, wie gefährlich die Strahlen sind. Nach meiner Geburt wurde sie aus der Schweiz ausgewiesen und nach Mayen abgeschoben, in die Heimatstadt ihres Vaters, der sie während des Ersten Weltkriegs dort zu Verwandten gebracht hatte. Diese hatten sie aufgezogen wie ein Aschenbrödel. Mit 16 war sie davongelaufen, und nun wurde sie acht Jahre später mit einem Kind dorthin zurückgeschickt. Das war sicher eine schlimme Erfahrung. Dass sie, obwohl in Zürich geboren, ausgewiesen wurde und dorthin zurückmusste, wo sie eine unglückliche Kindheit verbracht hatte. Als Röntgenassistentin konnte sie nun nicht mehr arbeiten. Das Einzige, was sie darüber hinaus gelernt hatte, war das Nähen und Handarbeiten. Trotzdem hat sie 1943, mitten im Krieg, ihre Meisterprüfung bestanden und ein kleines Geschäft aufgemacht, sie nannte es ihr »Atelier«. Es bestand aus der abgeteilten Hälfte unserer Einzimmerwohnung.

Ihre Kraft hat mich sehr beeindruckt. Sie hat immer versucht, das Beste aus allem zu machen, auch für mich. Nie hat sie mich in die Ecke gestellt. Sie konnte sich nicht viel um mich kümmern, aber so wurde ich früh selbständig.

Und anderes hat sie Ihnen dafür geschickt erspart, die Eliteschule der Nazis, die Napola etwa, auf die Sie unbedingt gehen wollten.
Auch wenn ich damals nicht ahnte, wofür es gut war, dass ich nicht genommen wurde. So wurde ich aber kein Kanonenfutter in den letzten Kriegstagen wie so viele von diesen Napola-Schülern.

Sie waren Ihr ganzes Leben ohne einen Vater. Sie haben ihn nur einmal gesehen. Psychologisch betrachtet, müssten Sie in Ihrem Leben eine ziemliche Sehnsucht gehabt haben nach Ersatzvätern.
Meine Mutter hat einen so großen Platz eingenommen, dass ich als Junge erst einmal keinen Vater vermisste. Dafür dann später, als ich niemanden hatte, der mir mal einen Rat hätte geben können, was ich mit meinem Leben machen soll. Das konnte meine Mutter nicht. Die hat gearbeitet und gesagt: Du musst sehen, wie du durchkommst. Aber dass mir deswegen der Vater wirklich gefehlt hätte, nein.

Ich habe dann im Theater Menschen gefunden wie Friedrich Domin, der war mein Bühnenvater, und Therese Giehse meine Bühnenmutter. Domin konnte ich immer um Rat fragen. Gegen Ende meiner Ausbildung saßen wir einmal in seiner Garderobe, und ich sagte: »Herr Domin, ich habe ein Angebot, nach Oldenburg zu gehen, um dort sogar den Othello zu spielen. Also, was meinen Sie?« Man hörte ja schon an der Schauspielschule, dass man erst mal in die Provinz gehen solle, um sich dort »freizuspielen«. Domin antwortete in seiner näselnden Art: »Sie gehen also nach Oldenburg. Und dann spielen Sie vielleicht sogar dort Rollen, für die Sie noch gar nicht reif sind … Und nach zwei, drei Jahren, wenn Sie Glück haben, dann könnten Sie nach Flensburg gehen. Und da könnten Sie wieder ein paar Jahre spielen … Und wenn Sie dann viel Glück haben, dann wäre vielleicht sogar Kassel möglich.« Domin näselte weiter: »Wenn alles sehr gut geht, Adorf, geht es von Kassel dann schon zu einem Sprungbrett. Sagen wir mal nach Bochum. Und wenn Sie dann in Bochum sind, sagen wir mal nach drei, vier Jahren, dann sind Sie vielleicht eines Tages so weit, nach Berlin, nach Hamburg oder nach München zu gehen. Aber sehen Sie, Adorf, Sie *sind* doch schon hier!«

Das war die Zeit in den 60er Jahren, in denen Sie in München wieder mit Ihrer Mutter zusammenlebten. Wie kam es dazu?

Na ja, ich habe das nicht gemacht, weil ich unbedingt mit meiner Mutter zusammen sein wollte. Ich habe sie nach München geholt, weil ich den Eindruck hatte, dass sie sonst bald stirbt. Sie hatte ja dieses Schneideratelier in Mayen gehabt, und ich merkte, dass sie diese Arbeit physisch sehr erschöpft hatte. Ich drängte sie, eine Einladung zu früheren Freunden aus ihrer Italienzeit in Neapel anzunehmen. Sie wollte eigentlich nur für drei, vier Wochen dorthin gehen, blieb aber ein ganzes Jahr. Ich erfuhr, dass sie dort die meiste Zeit geschlafen hat, sodass die Enkelkinder der Freunde sie manchmal im Bett anstießen, und wenn sie nicht reagierte, hinausliefen und der Familie berichteten: »Zi' Alice è morta!«, »Tante Alice ist tot!«

Als sie dann wieder zurückkam, wollte ich nicht, dass sie wieder in den Trott ihrer Arbeit geriet. Und so schrieb ich ihr: Ich habe gerade einen Vertrag mit den Kammerspielen abgeschlossen, 350 DM im Monat. Ich kann dich ernähren. Einzige Bedingung: *Ich* bestimme, was auf den Tisch kommt. Das war früher einer ihrer Sprüche. Sie antwortete auf einer Postkarte mit nur zwei Worten: »Ich komme.« Am 5.5.55 traf sie in München ein.

Und so hat sie noch 40 Jahre gelebt …

Ja. Und sie musste nicht mehr arbeiten. Sie hat dann nur noch als Hobby für sich oder mal für Bekannte etwas genäht.

Ihre Mutter war sehr für Sie da, als Sie beide nichts hatten. Und jetzt waren Sie sehr für Ihre Mutter da – als wollten Sie ihr etwas zurückgeben.

Ich fand das ganz normal.

Wem im Leben haben Sie denn noch zu danken? Gibt es da ein paar Menschen?

Am Anfang verdankte ich vieles meinen Lehrern an den Kammerspielen wie eben Friedrich Domin, Peter Lühr und vor allem Fritz Kortner. Dem zu früh dahingegangenen Kollegen und Freund Robert Graf war ich für sein Beispiel und viele wegweisende Ratschläge, auch außerhalb des Theaters, immer dankbar. In meiner Karriere aber habe ich eigentlich kaum jemandem zu danken. Ich hatte nie wirkliche Gönner, und wenn mir ein Produzent oder Regisseur eine Rolle anbot, sagte ich dankeschön, dass du an mich gedacht hast. Aber mehr auch nicht. Er kriegte ja von mir auch etwas zurück. Das klingt vielleicht eingebildet, aber ich hatte sehr oft den Eindruck, ich wurde für bestimmte Rollen eher gebraucht als gewünscht.

Mario, der Zauberer

Welchen Adorf haben die Menschen im Sinn, wenn sie kurz innehalten und an ihn denken? Wenn sie um die 80 Jahre alt sind, wird in ihrer Erinnerung vielleicht sein Bruno Lüdke aus »Nachts, wenn der Teufel kam« auftauchen, der 1957 in den Kinos ihrer Jugend lief.

Wenn sie heute knapp vor der Rente stehen, denken sie mutmaßlich an Adorf in »Die Blechtrommel« oder in »Die verlorene Ehre der Katharina Blum«.

Und wer aus den 70er Jahren stammt, dem erscheinen in Gedanken wahrscheinlich als Erstes die Dieter-Wedel-Mehrteiler im ZDF »Der große Bellheim« oder später »Der Schattenmann«.

Es war eine schwierige, aber notwendige Aufgabe für den Regisseur Dieter Wedel, einen Schauspieler für diese »Bellheim«-Rolle zu finden, der schon für sich genommen »ein Großer« war. Alles andere wäre schwierig gewesen. Da Wedel fast alle Rollen in seinen Mehrteilern mit hochkarätigen Schauspielern besetzte, musste seine Hauptrolle noch etwas weiter herausragen aus dem ohnehin schon hervorragenden Ensemble. Und so holte Wedel Adorf von der internationalen Bühne für den »Bellheim« zurück nach Deutschland.

Adorfs »Heimkehr« hatte gleich etwas Weltläufiges. Er brachte Glanz nach Hause.

Er war damals schon einer der letzten Stars aus einer Zeit, in der dieses Wort noch als Krone galt. Und nicht als Sammelbezeichnung für Dschungelcamp-Kandidaten. Natürlich ist er heute erst recht einer der letzten Vertreter jener Garde von Großen. Und da sind Spuren seiner wunderbaren Kollegen an ihm, die ihm schon vorausgegangen sind.

Ich bemerke etwas von Udo Jürgens, von dessen Glaubwürdigkeit an ihm, den er schätzte. Der in Adorf ein Vorbild sah.

Und ich denke manchmal an Götz George. Was ihm bestimmt nicht recht ist, weil er mit George nicht gerade befreundet war. Aber wer war das schon? Was die Körperlichkeit seines Spiels angeht und seine Wucht, sind die beiden nah beieinander. Auch in ihrer Art, das Letzte aus ihrer Seele und ihrem Leib für ihre Rolle zu geben. Beides in ihr Spiel hineinzulegen.

Marotten hat dieser Mario kaum welche. Bloß eine vielleicht. Wenn er irgendwo angekündigt wird, bei einer Talkshow etwa, dann betritt er nicht einfach das Studio, sondern nimmt den Weg in einem angedeuteten Laufschritt. Auch mit 88 Jahren. Er tut das, weil er es noch vermag. Aber natürlich auch, weil es gut aussieht.

Er steht nun seit sieben Lebensjahrzehnten auf der Bühne und vor der Kamera. Und bis heute lässt sich erahnen, was ihn damals wohl bestehen ließ, als er zum ersten Mal vorsprach. Und was diesen Burschen, der viel zu alt aussah als junger Mann, gewinnen ließ. Schon in seinem jungen Leben wirkte er älter und reifer, vielschichtiger als seine Mitbewerber. Vielleicht ist er deswegen so zeitlos geblieben im Alter.

Sollte sein Leben mal als Spielfim gedreht werden, Adorf wäre für Elias M'Barek in der Rolle des jungen M. A. »Der sieht ein bisschen aus wie ich damals«, lächelt er. Und tatsächlich spielte dieser Superstar von heute als völlig unbekannter Anfänger im Jahr 2002 den jungen Adorf, also den Hauptdarsteller in jung, den Adorf in alt spielte – im Film »Epsteins Nacht«.

Dass dieser Mann mal ein Boxer war, sieht man seiner Statur bis heute an. Da sind die breiten Schultern und dieser imposante Brustkorb. Gleich nach dem Krieg, in der Hungerszeit, überfiel ihn einmal eine Bande junger Kerle und verprügelte ihn. »Um das zu ändern, trat ich in einen Boxklub ein. Nur traf ich dort die gleichen Burschen wieder, was diesmal mit Boxhandschuhen kaum milder ausfiel. Danach sagten sie ›Der kommt nicht mehr wieder‹. Aber ich kam wieder und konnte es bald einem nach dem anderen heimzahlen.«

Er ist ein »Letzter seiner Art«. Und wenn man schon das Wort vom Urgestein benutzt, dann auch gleich den des Felsbrockens. Halb aus Eifelgestein, halb aus italienischem Marmor ist dieser Mann. Das mit dem Steinvergleich kommt nicht von ungefähr, denn lebenslang vermag er auch eine Härte auszustrahlen. Eine Unnahbarkeit, die er für einige seiner Rollen perfektionierte.

Oft spielte er einen, dem scheinbar nichts und niemand wirklich etwas anhaben kann. Der andere auch einschüchtern konnte.

Adorf trägt wie kein Zweiter seiner Kollegen Gegensätzlichkeiten in sich: Er kann einen Weltläufigen geben und dann wieder einen Grobschlächtigen. Er ist mal der Schurke und mal der Held. Mal Nordpol und dann wieder Südpol. Und jedes Mal ist es wie eine Expedition an die beiden Enden der Welt. Reist er mit uns zum Nordpol, denken wir gleich an eine Handvoll böser Charaktere, die er allesamt in fein schattierten Spielarten gab. Da wären erst einmal die Gerissenen unter den Grobschlächtigen: jene vom Typus Heinrich Haffenloher, dem Klebstofffabrikanten aus »Kir Royal«, bei dem man sich vor Vergnügen auf den Schenkel klopft, so prall und komödiantisch wurde der von ihm gespielt. Dann kommt einem der Baulöwe Schuckert aus Fassbinders »Lola« in den Sinn. Von dem Bedrohliches ausgeht, doch auch etwas Barockes. Wieder anders grob, diesmal kleinbürgerlich, scheint er als Alfred Matzerath in der oskargekrönten »Blechtrommel«.

Unterkategorie Nummer 4 seiner Bösen könnte sein legendärer Santer in Winnetou sein. Vor dem wir uns als damals kindlich Staunende wirklich fürchteten. Und dann ist da noch jene Art von verschlagener und verwandelbarer Grobschlächtigkeit, die Adorf den Durchbruch brachte: Seinem Bruno Lüdke hauchte Adorf in »Nachts, wenn der Teufel kam« bei aller vermeintlichen Schurkenhaftigkeit auch etwas sehr Menschliches in die Seele. Wieder ganz anders furchteinflößend geriet sein Jonas Lauretz in »Via Mala«. Wer den Soundtrack zu dieser TV-Serie hört – der legendäre Ennio Morricone (»Spiel mir das Lied vom Tod«) hat sie geschrieben – lauscht einem Weltstar der Filmmusik. Und sieht einen Weltstar des Schurkenfachs.

Nun geht es auf zum Südpol seiner Kunst. Wir erinnern uns an ein paar seiner Weltenmänner-Rollen. Jene gewichtigen Herren, die rings um sich herum alles verdrängen und schrumpfen lassen kraft ihrer Aura. Etwa jener Urtypus des Denkers, den er jüngst als Karl Marx verkörperte. In der Rolle, nach der er sich so lange sehnte und die er erst im Herbst 2017 endlich spielte. Zu seinem Leidwesen allerdings nur in einem arg zusammengestöpselten Dokudrama. Erinnert sei auch an Paraderollen, wie er sie im ZDF-Mehrteiler »Der Patriarch« gab. Und an leider viel zu wenig wahrgenommene, etwa als Weltmann ganz anderer Art: Adorf als Holocaust-Überlebender in »Der letzte Mentsch«.

Und dann gibt es bei ihm noch die erfolgreichen Männer, über deren Eitelkeit gelacht werden darf, weil Adorf sie mit seiner einzigartigen Mischung aus Respekt vor der Rolle und tiefer Tragikomik spielt. Etwa den Promi-Wirt in Helmut Dietls »Rossini« oder jenen Papagallo aus »Pizza Colonia« an der Seite von Willy Millowitsch.

Die berühmteste Rolle seines Südpols aber war wohl der Kaufhauskönig im »Großen Bellheim«. In ihm verkörperte er jenen Geschäftsmann vom alten Schlag, den es damals, als die Serie Anfang der 90er Jahre lief, schon nicht mehr gab. Der Mehrteiler war der letzte große Straßenfeger. Nach ihm hat es das nicht mehr gegeben: Ein ganzes Land sprach tagelang von einem Fernsehvierteiler.

Regisseur Dieter Wedel hatte damals, lange vor Bekanntwerden seiner Sexskandale, um sein Juwel Adorf gleich auch noch vier weitere Edelsteine besetzt: Er brachte für seine Kaufhaus-Saga Mario Adorf mit Heinz Schubert (»Ekel Alfred«) zusammen, der für den während des Drehs verstorbenen Klaus Schwarzkopf (der »Tatort«-Kommissar Finke aus »Reifezeugnis«) einsprang. Außerdem holte er Hans Korte (»Der König von St. Pauli«) und den Giganten Will Quadflieg (»Faust«). Dann stellte er Adorf auch noch Heinz Hönig (»Das Boot«) als Gegenspieler zur Seite, ein Filmfeind, von dem jeder Schauspieler nur träumen kann. Allein für das Duell dieser beiden Alpha-Männer lohnt sich »Der große Bellheim«.

Das Triumvirat um den Kaufhauskönig herum aus Korte, Schubert und Quadflieg bestand aus großartigen Charaktermännern, die aber nicht unbedingt von einer solchen Attraktivität waren wie der Hauptdarsteller. Und jener Kollege, der Adorf Konkurrenz hätte machen können in jüngeren Jahren, hatte zur Zeit des Bellheim-Drehs schon etwas an Markanz eingebüßt: Will Quadflieg war zwar immer noch imposant, überragte Adorf aber nicht in seiner Aura. Demzufolge stach Adorf sogar unter diesen drei Granden ihres Fachs heraus.

Und so weit dieser eben beschriebene Südpol auch vom Adorf'schen Nordpol entfernt liegen mag, so gut verstand er es auch, gewisse Anteile dieser Gegensätze in sich selbst zu vereinen. So ist etwa sein Jan Herzog im »Schattenmann« nicht nur ein Böser, sondern trägt in seinen Abgründen auch etwas Erhabenes. Etwas Weltläufiges. Deswegen kam Adorf auch auf die Idee, sich in dieser Rolle von einigen seiner Filmpartner nicht nur »Jan«, sondern »Janusch« nennen zu lassen. Gemeint war Janus, der Doppelköpfige.

Auch in die Gegenrichtung hat er sich bei einem seiner »Südpol«-Figuren etwas aus dem »Nordpol« geborgt. Und hat auch in seinem ansonsten recht edelmütigen Bellheim ein Schlitzohr versteckt, einen gerissenen Hund im Gentleman. Der sich spätestens dann offenbart, als es zum listigen Showdown mit seinem Gegenspieler Rottmann alias Heinz Hönig kommt.

Der Große und der Bellheim

Herr Adorf, welche persönlichen Erinnerungen haben Sie an Ihre legendären »Bellheim«-Mitstreiter: Heinz Korte, Will Quadflieg, Heinz Schubert?

Heinz Schubert war ja erst mal gar nicht dabei, sondern kam als Ersatz für den während der Dreharbeiten schwer erkrankten Klaus Schwarzkopf. Der war wunderbar, ein ganz toller Schauspieler. Wir hatten schon etwa 14 Drehtage mit ihm gehabt. Ganz plötzlich wurde er krank und starb, und wir mussten alle mit ihm gedrehten Szenen nachdrehen. Da kam nun der Schubert für Schwarzkopf, und da ist etwas ganz Erstaunliches passiert. Schubert machte gleich in seiner ersten Szene ganz verblüffende Dinge, die denen von Schwarzkopf genau glichen! Er hatte genau dieselben Einfälle wie Schwarzkopf und bewegte sich genauso wie er. Wir schauten verdutzt zu: »Hast du das gesehen? An der gleichen Stelle nimmt der den Stock! An der gleichen Stelle schaut er sich um wie er!« Das war bewegend. Schubert war unser Glücksfall mitten in dem Unglück, Schwarzkopf verloren zu haben.

Und haben Sie ihn gefragt, woher so etwas kommen kann?
Nein. Schubert hatte Schwarzkopf ganz verinnerlicht. Ich habe ihn ja schon vor dem »Bellheim« gekannt. Er hatte sogar Zweifel, die Rolle anzunehmen. Ich habe ihm aber zugeraten. Ich sagte ihm: »Mach das, spiel das!« Ich mochte ihn ja vom Theater, hatte ihn als Theaterschauspieler früh kennen gelernt, als er noch in der DDR war. Auch Quadflieg und Korte waren wunderbar und völlig richtig in ihren Rollen. Aber Schubert hatte darüber hinaus einen herrlichen Humor. Bei Quadflieg war das damals schon nicht mehr spontaner Humor, sondern eher eine Altersweisheit. Ja, und Korte war auch genau richtig besetzt. Diese Bärbeißigkeit. Es war schon ein Glücksfall.

Ich möchte aber noch mal wissen: Was waren das für Menschen? Was war Quadflieg für ein Mensch für Sie? War er der große ewige »Faust« aus dem Theater, quasi der Vertreter des klassischen, ernsten Faches?
Er war auf jeden Fall ein sprachliches Vorbild. Und er war ein besonders aufmerksamer, liebevoller Kollege. Er hat beim Dreh immer das Gespräch mit mir gesucht, auch später haben wir uns getroffen.

Und wie war das mit Korte?
Korte war schon ein bisschen eigenbrötlerisch, aber auch wunderbar.

Wie war Ihr Verhältnis zu Manfred Zapatka, der ebenfalls mit Ihnen im »Bellheim« spielte?
Zapatka war derjenige, der Wedel zugeraten hatte, mich für die Rolle zu nehmen. Wedel wollte mich anfangs gar nicht. Er wollte Michel Piccoli, der damals ganz groß war in Frankreich, für die Rolle haben. Ich weiß gar nicht, warum der nicht wollte oder konnte. Vielleicht, weil er eben nicht Deutsch sprach. Dabei hätte er das sicher auch gut spielen können.

Ist es wahr, dass Ihre Mutter Sie für den »Bellheim« endlich richtig gelobt hat? Vorher hatte sie sich immer zurückgehalten mit Lob …
Ja. Sie sagte: »Endlich ein Herr!«

Wieso hatte sie immer diese erstaunliche, kritische Distanz?
So war sie einfach. Enthusiastisch war sie nie. Das lag ihr gar nicht, etwas toll zu finden.

Sein Sonnenreich

Die Sonne von Saint Tropez scheint in diesen Sommertagen des Jahres 2018 schon am frühen Morgen so prächtig und heiß, dass in Adorfs Garten kaum ein Vogel singt. Jeden Abend jedoch, wenn die Nacht samt ihrer Kühle gekommen ist, geschieht etwas Berührendes. Als würde diese Gegend nicht ohnehin schon den ganzen Tag überlaufen vor Anmut. Nein, denn nun gibt die Natur noch eine Solo-Zugabe. Mitten in der Stille des späten Abends hebt ein Vogel an mit seinem Gesang. Es ist eine Nachtigall. Irgendwo in der großen Pinie vor Adorfs Haus muss sie sitzen. Allabendlich verausgabt und verzehrt sie sich.

Auch der Hausherr findet erst gegen zwei Uhr nachts ins Bett. Meist verschickt er vorher noch ein paar E-Mails. Die Momente nach Mitternacht sind seine bevorzugte Bürozeit. Um zehn Uhr morgens zeigt er sich dann, und wir beginnen gleich nach einem kleinen Frühstück mit unseren Gesprächen.

Meist vergessen wir in der Sommerhitze, die zu unserem Schattenplatz in Adorfs Garten dringt, ein paar Schlucke aus dem Wasserglas vor uns zu trinken. Vor lauter Konzentration meldet sich der Durst erst, wenn wir uns kurz vertagen. Dann kommt auch der Hunger dazu. Wenn wir die Tonbänder anhalten und in Richtung seines Autos gehen, um runter in den Ort zu einem Restaurant zu fahren, passiert etwas Seltenes. Jedes Mal öffnen sich Augen und Ohren wieder für diese Pracht um uns herum. Und auf einmal nehme ich auch wieder das laute Zirpen der Zikaden wahr. In den Stunden unserer Interviews hatte ich es überhört.

Nur einmal gehen wir in sein Wohnzimmer, weil es draußen zu heiß geworden ist. Vor dem Fenster breitet sich die Landschaft aus. Grüne Hügel reihen sich wie Schiebekulissen im Theater bis hinunter zur Küste, die jenen Namen trägt, der Klang und Legende ist: Côte d'Azur.

Im Bücherschrank ist ein Regal Günter Grass vorbehalten, den Adorf bewundert, nicht erst seit er in der »Blechtrommel« die Hauptrolle spielte. In den anderen Regalen teilen sich viele Neuerscheinungen die Plätze. Momentan liest Adorf am liebsten die Bestseller seines Schauspieler-Kollegen Joachim Meyerhoff, er ist fasziniert von dessen Sprache.

Adorf selbst kommt in seinem Haus auf Bildern fast nicht vor. Bis auf zwei rührende Ausnahmen. Ein Amateurfoto von ihm im Smoking ist an einen der Buchrücken im Regal gelehnt, eine Art Schnappschuss. Ein Regal darunter verewigt eine weitere Zufallsaufnahme einen Moment im Leben des Hausherrn, den er offensichtlich für so besonders erachtet, dass er ihn in seinem Wohnzimmer aufgestellt hat. Es zeigt Adorf mit Hans-Dietrich Genscher. Zwei Zeitgeschichtsmänner unter sich.

Auf seine Couch setzen wir uns nur einmal während unserer Gesprächswoche. Zum Fußballschauen. An dem Nachmittag im Juni 2018, an dem die deutsche Fußballnation bei der WM in Russland untergeht, sehen wir uns das Spiel gegen Südkorea im Fernsehen an. Beide Tore, die Deutschland so schmerzhaft ins Fußballherz treffen, sieht Adorf, Fußball-Fan seit Bolzplatztagen, minutiös voraus. »Jetzt kriegen sie gleich ein Tor rein«, sagt er schon, als der Ball noch in der gegnerischen Hälfte ist. Beide Male trifft seine Prognose. Gebannt und still sitzt er vor dem Fernseher. Und leidet mit.

Weiter rechts im Wohnzimmer steht sein Schreibtisch mit seinem Laptop, an dem er fast täglich sitzt. In der Nacht ruft er dort Texte von sich auf, um sie zu verbessern, um eben Eingefallenes zu notieren oder um im Netz über Politik und Kultur zu lesen.

In sein I-Phone schaut Adorf so oft, wie es ein halb so alter Mann auch tut. Manchmal selbst mitten im Getümmel beim Einkaufen auf dem Markt von Saint Tropez, auf den wir mit seiner Frau Monique am nächsten Morgen fahren. Ein Foto von ihr ziert den Sperrbildschirm seines Handys. Und wie sein Zeigefinger über das Display scrollt, hat das etwas Sanftes. Die Hände, die das Handy halten, sind sonnengebräunt wie der ganze Adorf. So braun sind die, fast ockerfarben, dass sie sich abheben von den weißen Handinnenseiten.

Dann geht es aus dem Dunkel ins strahlende Licht, das durch die Platanenkronen auf die bunten Marktbuden fällt. Überall auf dem Markt drehen sich ein paar

Köpfe nach ihm um. Natürlich am meisten jene der deutschen Touristen. Viele ziehen ihre Handys, schalten die Kamera auf Videomodus und filmen die Szenerie.

Gegen Abend bummeln wir vom Markt zum legendären Yachthafen von Saint Tropez. Mit dieser ihm so eigenen Beiläufigkeit schlendert er an der wohl protzigsten Hafenkante des Kontinents entlang. Wie an einem Brillantencollier reihen sich hier Meter um Meter die kolossalsten Pötte. Alle Superschiffe haben mit ihrem ausladenden Heck festgemacht, beleuchtet von Scheinwerfern. Auf dass die Blicke der Promenaden-Spaziergänger möglichst tief bis in die Schlafgemächer der Boote reichen können. Eine vor sich hinschaukelnde Nabelschau des Reichtums. Viele Boote haben russische Besitzer. Und glänzen in Metallicfarben. »Viel Plastik, nicht?«, lächelt Mario im Vorbeigehen und meint: »Es ist hier wie im Zoo. Man weiß nur nicht, auf welcher Seite die Affen und auf welcher die Menschen sind.«

Es ist angenehm zu beobachten, wie gut dieser Mann schlendern kann. Die meisten Menschen können das nicht. Dieses Flanieren mit leichtem Gang. Dieses sich treiben lassen. Ohne Ziel, ohne Zweck, einfach Schlendern.

Parallel zur Schiffsparade mit all ihrem inwendig leuchtenden Mahaghoni- und Nappalederschick stehen gegenüber lauter Clubs Spalier. Im vielleicht schicksten ist der Boden mit fein gewaschenem Strandsand bestreut.

Helikopter schneiden durch den Nachthimmel, setzen neue Gäste ab und nehmen andere wieder mit. Manchmal, wenn es schnell gehen muss, nimmt auch Adorf einen zum Flughafen Nizza.

Dann bummeln wir zurück, wieder vorbei an den Protzbooten. Das sei doch wirklich schade, meint Adorf. »Die dicken Dinger versperren die schöne Aussicht aufs Meer.«

Spiel's noch einmal!

Bei allem Glück und Erfolg Ihrer Karriere – es gibt bei vielen Ihrer Schauspielerkollegen eine Angst vor der Leere nach einem Engagement oder einem Dreh, eine Furcht vor ausbleibenden Rollenangeboten. Kennen Sie diese Angst auch?
Die hatte ich nie, auch nicht am Theater. An den Münchner Kammerspielen, wo ich von 1955 bis 61 engagiert war, gab es bekannte Kollegen, die auch gerne zum Film gegangen wären, aber genau aus dieser Angst heraus immer auf einen neuen Jahresvertrag beim Theater hofften. Während ich immer alles versucht habe, um möglichst bald auch Filme machen zu können. Nur ganz am Anfang bei den Kammerspielen hätte auch ich mir denken können, länger zu bleiben. Aber dann fing ich an, im Ausland zu drehen, einen Film in Frankreich, einen in Japan. Das war für mich viel spannender. Ich habe mir dann gesagt, ich verdiene jetzt in 60, 70 Tagen so viel, dass ich ein Jahr gut davon leben kann.

Wie sind Sie zu diesem Selbstvertrauen gekommen, der inneren Unabhängigkeit?
Ich kann es nicht erklären. Wahrscheinlich lag das an meinen früheren Erfahrungen: Was kann dir noch pas-

sieren, wenn das Schlimmste nicht passiert ist im Krieg? Ich habe sehr oft diese Existenzangst unter den Kollegen beobachtet, wenn ein Film zu Ende ging, diese verzweifelten Augen, die sie hatten. Diese Frage im Blick, wie es jetzt weitergeht? Was ist mein nächster Film? Hast du schon ein Angebot? Da habe ich mich immer nur gewundert. Ich habe allerdings auch nie einen absoluten Qualitätsanspruch erhoben. Sicher, man kann gewisse Filme einfach nicht machen, weil sie nicht gut genug sind. Ich war aber immer realistisch und habe mir gesagt: Wenn ich von zehn Filmen, die mir angeboten werden, neun ablehne, dann muss ich den zehnten eben machen. Von diesem einen Film muss dann der Kamin rauchen … Ich kannte allerdings einen Kollegen, der auch diesen zehnten Film nicht gemacht hat. Den habe ich bewundert, aber er war leider bald aus dem Geschäft.

Sie halten die Gefühle in Ihrem Leben in der Waage, indem Sie nicht ausrasten in den Höhen, fallen Sie auch nicht in die absoluten Tiefen. Halten Sie wie ein Seiltänzer das Gleichgewicht?
Diese Angst, dass es nicht weitergehen könnte, ist an mir vorbeigegangen. Ist nun mal so.

Sicher auch, weil Sie früh ein Weltstar wurden. So etwas hilft gegen die Unsicherheit (er lacht).
Ich hasse diese Bezeichnung, und ich habe, muss ich sagen, auch noch nie Pläne gemacht. Nie überlegt, was ich erreichen möchte oder muss.

Auch nicht als Schriftsteller mehrerer Bestseller?
Nein, auch das Schreiben meiner Bücher hat sich einfach so ergeben. Ich habe mir das erst einmal gar nicht zugetraut. Ich habe mich auch nie als Schriftsteller gesehen. Ich kann mich nicht morgens hinsetzen und sagen: So, bis mittags wird jetzt geschrieben. Ich habe mich immer eher als Erzähler gesehen, als jemanden, der gerne Geschichten erzählt. Heute allerdings viel weniger als früher.
In den letzten Jahren bin ich schweigsam geworden, merkwürdigerweise. Das hat sicher auch mit meinem Gehörverlust zu tun, durch den ich vieles nicht mehr so ganz mitkriege. Obwohl ich glücklicherweise mit der modernsten Hörhilfe ausgestattet bin. Trotzdem ist es auch ein Verlust an Leben. Wenn sich auch sonst bisher die Alterserscheinungen in Grenzen halten, ist das ein deutliches Signal. Man hört nicht mehr gut. Das ist ein Handicap.

Wie gehen Sie damit um?
Ich denke genauer nach, was mich noch interessiert. Die Neugier hat abgenommen, etwa die auf Theater. Früher war ich ein begeisterter Theatergänger. Auch, um einfach zu wissen, was sich so tut dort. Heute gehe ich kaum noch ins Theater, allerdings nicht nur, weil ich nicht mehr so gut höre, auch, weil ich meistens enttäuscht bin über das, was ich dort erlebe. Ich bin zwar noch nicht erschrocken, aber es ist doch nicht mehr das, was ich mir unter gutem Theater vorstelle.

Ich beobachte, wie Sie Ihr Leben auch außerhalb des Berufes bewusst leben und ihm einen Sinn verleihen. Viele Ihrer Kollegen vermögen das kaum, weil sie nur für ihren Beruf leben.
Ich habe die Frage, ob ich nun arbeite oder nicht, nie so wichtig werden lassen. Für mich war auch ein Arbeitstag nicht immer angenehm und ist es bis heute nicht. Man wird oft rumkommandiert als Schauspieler und muss irgendetwas tun, was man nicht aus Überzeugung tut, ganz im Gegensatz zum Schreiben, das ja in Eigenverantwortung geschieht. Ein Drehtag ist oft etwas Fremdbestimmtes.

Haben Sie deswegen schon früh in Ihrem Leben mit einigen Rollen, die Sie gespielt haben, gehadert? Mit der Inszenierung, mit der Art des Drehbuchs? Oft sagen Sie, dass dieser oder jene Film »leider nicht so gut« geworden sei. Da sind Sie dann nicht so lässig, wie Sie ansonsten sein können. Da stecken Sie ungeheuer viel von Ihrem ganzen Selbst rein, ackern und versuchen, etwas rauszureißen. Und sind auch schnell enttäuscht. Und können sehr hart in Ihrem Urteil sein. Dieser Hang, sich einzumischen, fing schon an bei Ihrem Durchbruch: beim Dreh von »Nachts, wenn der Teufel kam«. Da hatten Sie den Mut, das Drehbuch einfach umzuändern – was der Regisseuer Robert Siodmak auch angenommen hat.
Ja, das war erstaunlich. Ich habe natürlich damals gar nicht gewusst, wie außergewöhnlich das war.

Hat Ihnen Ihr Perfektionismus manchmal selbst Nerven gekostet?
Klar, aber es geht mir einfach um die Qualität. Die fällt nicht vom Himmel, da geht es um Formbewusstsein. Wie spiele ich die Rolle?

Wie haben Sie denn als junger Mann an Ihrer Qualität gearbeitet?
Ganz am Anfang sagt man sich: Erst einmal musst du Aufmerksamkeit erregen! Du musst erreichen, dass die Leute dich wahrnehmen, dass sie das, was du machst, überzeugend und überraschend finden.

Bis ein Regisseur sagte, Mario, du brauchst gar nicht so viel geben! Nimm mal ein bisschen den Fuß runter vom Gas. Nicht? War es so?
Das ist richtig. Eines Tages kam ein Regisseur – es war Paul Verhoeven – und sagte: »Mario, ich habe dich jahrelang beobachtet und merke immer noch so einen kleinen Anspruch bei dir, etwas Besonderes zu machen, besondere Aufmerksamkeit zu erregen. Durch irgendeinen Trick oder durch irgendeinen Einfall. Das brauchst du gar nicht mehr. Du erregst auch so Aufmerksamkeit. Du musst nur auf die Bühne kommen, und man schaut hin. Du musst jetzt nicht noch irgendwas zusätzlich tun. Lass das alles mal weg, du wirst sehen, das wird genauso gut oder besser sein.«

Aber so etwas kann man nicht bewusst entwickeln, das muss von selbst entstehen, das kann man selber gar nicht beeinflussen. Sonst könnte man ja sagen, ich mache jetzt einfach gar nichts mehr – und dann ist das schon das Nonplusultra … Es muss also schon eine Entwicklung da sein, bis man vielleicht irgendwann dahin kommt, mit weniger das Beste zu erreichen. Das ist sicher eine Tugend, die man großen Schauspielern nachsagt: Er macht gar nichts mehr. Aber das stimmt so nicht. Er macht nicht Nichts, sondern er lässt das Unwesentliche weg, so wie Michelangelo, der – gefragt, wie ihm die gigantische Leistung gelänge, seine Figuren dem Marmor zu entreißen – antwortete, er würde einfach nur den überflüssigen Marmor wegschlagen.

Aber trotzdem kämpfen Sie bis heute mit jeder Rolle, so wie zuletzt als Karl Marx.

Das ist eine Sache des Anspruchs: Was sieht man in einer Rolle? Und wie kann man das verwirklichen? Man muss erst einmal das Reizvolle, das Besondere und das Eigentliche der Rolle erkennen.

Also erschaffen Sie sich einen Maßstab für jede Rolle selber?

Zumindest muss man eine Vorstellung haben von dem, was die Qualität der Rolle ausmacht. Und dass man diese Qualität erreichen kann. Manchmal hat man Einfälle, die zu spät kommen. Dann fragt man sich, warum ist mir das nicht vorher eingefallen? Das sind dann Kämpfe, die man mit sich selber hat. Dann kommt auch mal der Gedanke: Ich habe es nicht ganz hingekriegt.

Unterwegs mit einem Unentwegten

Rückblende ins Jahr 2015. Drei Jahre, bevor ich Adorf in Saint Tropez besuche, begleite ich ihn bei seiner »Schauen Sie mal böse«-Tournee. Wir treffen uns nach seiner Vorstellung, und ich suche hinter der Bühne nach seiner Garderobe. Bis ihn seine Stimme wieder einmal ankündigt und mir ein Wegweiser ist. Man hört sie auch an diesem Ort unter den vielen anderen herausklingen, und das von weitem. Vor zehn Minuten hat er die Bühne im Regentenbau in Bad Kissingen verlassen. Und nun tönt aus seiner Garderobe im ersten Stock des Theaters italienischer Gesang.

Adorf trug das Lied schon den ganzen Tag mit sich herum. Er summte es, als er im Fond einer schweren Limousine nach Bad Kissingen fuhr. Er pfiff es, als er die fränkischen Wälder durch die getönten Scheiben an sich vorbeifliegen sah. Er sang es leise, als er ins Theater der Kurstadt schritt und das Parkett dazu wie im Takt unter seinen Ledersohlen knarrte.

Vier Stunden später ist der Applaus nach seinem Auftritt vergangen. Mario Adorf steht unter der Dusche in der Garderobe des Theaters von Bad Kissingen, als er das Lied endlich herausschmettern muss: »Volare«. Die

Melodie vom Fliegen, vom Abheben in den schönen blauen Himmel. Von der Leichtigkeit des Seins.

Von dem Hochgefühl nach dem Beifall handelt Adorfs Lied jetzt auch. Vom Rausch, dass er es auch dieses Mal geschafft hat. Dass er begeistert hat.

Wir warten in den Hinterzimmern des Theaters auf ihn, um ihm zu seiner Premiere zu gratulieren. Einige Honoratioren und auch der Impresario Marek Lieberberg, der Adorfs Tournee veranstaltet, lässt es sich nicht nehmen, persönlich zu erscheinen. Sie alle warten vor der Garderobe und schmunzeln zu Adorfs italienischen Duschliedern.

Als ich Adorf damals bei der Tournee ein paar Tage lang begleite, ist er 84 Jahre alt. Wenn dieses Buch erscheint, ist er 88 Jahre. Dabei hat der Mann aus Mayen in der Eifel auf dieser Bühne von Bad Kissingen das Alter vergessen lassen. Wie er sich in einer Szene der Länge nach auf die Bretter warf und wieder aufsprang, wie er seine Vitalität bewies, nein, wie er mit ihr spielte, wirkte nie angestrengt.

Drei Wochen dauert die Tournee. Er liest von Lebensstationen aus seinen Anfängen. Erzählt Erinnerungen, denen er noch einmal Leben einhaucht.

Es ist elf Uhr nachts in der Kurstadt, als Adorfs Manager Michael Stark den meeresblauen Bühnenanzug seines Künstlers zum Wagen trägt. Eingehüllt in eine Brioni-Tasche, bei deren Anblick man gleich an den Altkanzler Schröder denken muss. Dann folgt Adorf, eingepackt in eine Nappa-Lederjacke, deren nach innen gekehrtes weiches Fell ihn wärmt. Im Theater-Treppenhaus wartet ein Pulk von Fans und will Autogramme.

Wer ihm die Hand reicht, riecht danach wie frisch parfümiert. So viel Eau de Toilette haftet noch an Adorfs Händen. Die Menschen im Theaterflur strecken ihm ihre Programmhefte entgegen, ein paar haben alte Karl-May-Videokassetten dabei, mit ihm als Schurken Santer. Die Winnetou-Fans belagern ihn am engsten. Eine Dame schmachtet ihn an: »Herr Adorf, ich war 17 Jahre alt, als ich Sie als Santer im Kino gesehen habe!« Ein Herr klopft Adorf auf die Schulter und bringt den Satz, den er wohl Zehntausende Male gehört hat in seinem Leben: »Herr Adorf, das habe ich Ihnen lange übel genommen, dass Sie damals Winnetous Schwester erschossen haben!« Adorf steht dann umringt von den Fans und lässt sein Lächeln kreisen. »Ach ja, ist nicht wahr?«, antwortet er ein paarmal sehr liebeswürdig und spielt ein bisschen überrascht.

Die beiden dicken Brauen zieht er dafür bloß etwas in die Höhe und den Mund kringelt er wieder typisch adorfartig. Als würde er gleich pfeifen. Und ein bisschen so wie es ein Italiener nun mal tut, wenn er überrascht und unschuldig wirken will. Die Damen sind verzückt.

Als Adorf am frühen Abend das Theater von Bad Kissingen betrat, ließ sich ein Schwarm von Staren auf dem Dach des Regentenbaus nieder. Die Zugvögel schlossen sich in der Dämmerung zusammen und kreisten über dem Kurpark. Sie sind aus dem Süden zurück. Auch Adorf ist zurück. Sein Spielort heute ist ein stolzer Neubarocksaal aus viel altem Holz, das ächzt, wenn man es betritt. Langsam füllt sich der Saal mit Menschen, die ihn noch einmal, vielleicht ein letztes Mal, sehen wollen. Die erleben wollen, wie im Saal das Licht erlischt und die Videoleinwand über der Bühne aufleuchtet mit Adorfs stärksten Rollenmomenten.

Der Mann zu den Filmen steht im blauen Dämmerlicht der Seitenbühne und wartet auf seinen Auftritt. Noch ein paar Sekunden. Er fühlt sich den Puls. »Ich will prüfen, ob ich aufgeregt bin. Aber er geht ganz normal«, sagt er. Es ist genau diese Gelassenheit, die erstaunen lässt, die aber echt ist. Und genau die wird er nun auf die Bühne bringen. Sie ist eines seiner Mario-Markenzeichen. »Ich schwebe nie auf einer Wolke. Und deswegen kenne ich auch nicht diesen Fall nach dem Fliegen«, wird er später sagen, als wir uns unterhalten über seine vielen berühmten Kollegen, die oft seelisch abstürzen in der Stille nach dem Applaus. Sicher, das Adrenalin sei schon zu spüren, aber es beeinflusse ihn kaum. »Und wenn der Vorhang fällt, ist es vorbei«, sagt er.

Doch jetzt geht er hinaus. »Erscheint« vielmehr, weil einer wie er das nun mal kann. Setzt sich an einen schlichten Tisch. Richtet seinen Blick ins Schwarz des Publikums. Die Scheinwerfer blenden seine Augen. Doch Adorf hält diesen kleinen Schmerz aus und blinzelt nicht, sondern schaut zuversichtlich.

Drei Stunden später sucht Adorfs Manager in Bad Kissingen nach dem kleinen Italiener der Kurstadt, der nachts um halb zwölf noch auf den berühmten Gast wartet. Das Lokal mutet an wie eine Eisdiele. Sein Neonlicht fällt auf den Gehsteig. Adorf tritt ein mit einem Tross aus Veranstaltern, Chauffeur und örtlichen Würdenträgern. Sein Blick wandert zur Kunstblumen-Deko. Eros Ramazzotti haucht aus den Lautsprechern. Die Kellner benehmen sich heute Abend sehr norditalienisch und wollen partout nichts falsch machen. Oder sie sind aufgeregt und wollen es sich nicht anmerken lassen. Jedenfalls warten sie bis ganz zum Schluss, um das entscheidene Selfie mit ihrem Gast zu schießen, das dann ein paar Tage auf mindestens DIN-A2-Format vergrößert über der Theke hängen wird.

Adorfs Manager Michael Stark fragt die Wirtin, ob es noch andere Rotweine gebe als die auf der Karte. Da holt sie ihre beste Flasche aus dem Keller. Die Runde testet, lächelt höflich, dann nicken sich Adorf und Stark verständig zu, und sein Manager holt Adorfs Hausmarke aus dem Kofferraum des geparkten Wagens vor der Tür. Die Wirtin serviert dem Gast ihres Lebens gedünsteten Fisch. Jetzt bitte maßhalten beim Essen: »Keine Pasta!« Und dann: »Mhm, ja, schmeckt ganz gut«, sagt er nach dem ersten Bissen. Die Kellner atmen auf.

Vieles fällt jetzt von Adorf ab. Und doch fließt ihm das Adrenalin des Auftritts noch in den Adern. Müde wird er frühestens gegen zwei, drei Uhr morgens. Dann erst klappt er den Laptop in seiner Suite zu. Schaut per Stream noch ein bisschen Champions League. Meist feilt er noch am Manuskript für seine Tournee und druckt sich die Seiten mit einem Reisedrucker aus.

Am nächsten Tag ist spielfrei. Adorf reist weiter nach Weimar und verbringt dort den Tag im »Hotel Elephant«. Im Portal sind über dem roten Teppich die berühmten Besucher verewigt: Thomas Mann. Udo Lindenberg. Mario Adorf.

Mittags schlendern wir durch die Altstadt. Adorfs Blick hängt an den Fassaden, die so viel erzählen von jenen Klassikern, die er als junger Mann gespielt hat. Wir essen eine Bratwurst am Grillstand, schauen ein paar Straßenkünstlern zu. Solange, bis nicht mehr die Straßenkünstler, sondern Mario Adorf umringt ist. Dann gehen wir weiter zur Anna-Amalia-Bibliothek. Die Februarsonne steht schräg und scheint ihm ins Gesicht. In der Bibliothek streift er sich wie alle Touristen Filzpantoffeln über die Budapester Schuhe und schreitet hinein. Um ihn herum hundert Menschen.

Gerade eben noch warfen sie ihre Köpfe in den Nacken, hoch zu den Buchschätzen und Fresken im ersten Geschoss. Nun sehen sie auf ihn. Eine fremde Frau folgt ihm zehn Minuten lang. Erst kurz vor dem Ausgang traut sie sich. Als Adorf sie einhakt für ein Foto, fragt die Frau, ob sie ihn »einmal drücken« darf.

Spürt Adorf, wie der Fotograf seine Kamera auf ihn richtet, stellt er instinktiv um, wechselt vom privaten ins Schauspielergesicht. Seine Züge nehmen etwas Gemeißeltes, Römisches an. Wir laufen weiter durch Weimar, und der Tag fühlt sich an, als habe schon der Frühling begonnen.

Eigentümlich besinnlich sitzt er dann später in seiner Suite im »Hotel Elephant«. Das Management des Hauses hatte darauf geachtet, dass Adorf nicht das alte »Führer«-Zimmer samt Balkon bekommt, auf dem sich Hitler feiern ließ, sondern eines daneben. Schwere Samtvorhänge rahmen die Fenster mit dem Blick zum Marktplatz. Mit schwarzem Brokat ist das nostalgische Sofa neu aufgepolstert, ein Obstteller steht bereit und Champagner in der Minibar. Der Bewohner der Suite wirkt seltsam ausgeglichen für einen, der erst gestern und morgen schon wieder vor tausend Zuschauern stehen wird. Die Anspannung, die er angeblich ja gar nicht spürt vor dem Auftritt, vermag er gut zu verstecken. Auch das Glücksgefühl danach, wenn er beinahe selbstlos sagt: »Es ist schön, wenn es einigen gefallen hat … einigen paar … oder sogar einigen vielen.«

Wir sprechen jetzt von Udo Jürgens, der davon sang, wie ein »Engel der Melancholie« nach seinen Auftritten auf ihn wartete. Wie verloren der sich fühlte, wenn er wieder allein in seinem Hotelzimmer saß. Und sich auch deswegen gern eine Begleitung mit in seine Suite nahm. Nicht nur aus Leidenschaft, sondern weil er das Alleinsein nicht ertrug. »Dieses Problem hatte ich nie«, sagt Adorf. Udo Jürgens jedoch verfiel sogar in Selbstzweifel, in tiefe Schattenzeiten nach dem Scheinwerferlicht. Ich frage Adorf, ob er, der auf und hinter der Bühne so Souveräne, denn solche Zweifel wenigstens aus seinem früheren Leben kennt. Und wieder denkt er lange nach und sagt dann: »Nein, eigentlich nicht. Wenn ich merkte, dass ich nicht so gut war, dann fiel mir das früh genug auf, dann wusste ich, woran es lag, dann überraschte es mich nicht. Und so schockierten mich auch meine Misserfolge nicht.«

Dann erinnert er sich noch einmal und findet doch noch eine kleine unglückliche Stelle in seiner Karriere, wenigstens eine. Es war nach einem Auftritt in Wien, er spielte im Musical »Kiss me, Kate«, und so ziemlich alles schien an diesem Abend schiefzulaufen. Nach der Vorstellung wandte er sich an einen Kollegen und fragte ihn, woran das wohl gelegen haben mag. Und der verriet ihm: »Ja, wusstest du das denn nicht?« Nein, er wusste nicht, dass ein paar Leute aus dem Wiener Theaterklüngel bei der Premiere in einer Loge saßen, um Adorf an genau abgesprochenen Stellen auszubuhen. Ein recht einmaliges Erlebnis seiner Karriere sei das gewesen, und man glaubt ihm das. »Ich ließ mich nicht provozieren und verbeugte mich am Schluss sogar vor denen. Ich habe von diesem Vorfall gelernt.«

Mario Adorf erzählt diese Anekdote frei von Arroganz. Es muss wohl tatsächlich so gewesen sein in seinem Leben. »Ich hatte früh genug eine Art von Bodenhaftung. Wer nicht fliegt, kann nicht runterfallen. Wer immer fest steht, kann schon mal in die Knie gehen, aber meistens nicht umfallen. Das habe ich beim Boxen gelernt.« Und so langsam erklärt sich, woraus ein Teil seiner Aura aufgebaut ist. Wieso er so glaubwürdig die Unerschütterlichen zu verkörpern vermochte und auch die beeindruckend Bösen, die nichts wirklich schert. Weil er selbst von einer großen inneren Balance ist.

Wir kommen jetzt noch einmal auf Udo Jürgens zu sprechen und dass dessen Tod ihn »erschüttert hat wie kein anderer in den letzten Jahren«. Jürgens, der letzte große Entertainer, hatte Adorf nicht nur geschätzt. »Er sah in ihm mehr«, sagt Adorfs Manager, der ein feinfühliger Mann ist. »Zu Marios 80. Geburtstag ließ er ihm ein Videoband schicken, in dem er ihm das gestand.« Nun, nach Jürgens' Tod, zitiert Michael Stark aus diesem Video: »Weißt du noch, wir waren beide Anfang 20, als wir uns in München kennenlernten. Über all die Jahre und Jahrzehnte bist du so etwas wie ein Vorbild für mich gewesen. Deine klaren Gedanken haben mir immer imponiert. Du hast dich weder von der Politik noch von falschen Freunden, auch nicht von Religion oder sonstigen Institutionen in irgendeiner Form verbiegen lassen. Daraus habe ich viel gelernt.«

Und dann rief ihm Udo Jürgens noch zu: »Wir werden immer weitermachen!« Wehmut liegt in seinem Blick, wenn Adorf erzählt, wie gerne er früher mit Udo Jürgens oder Peter Ustinov zusammen war.

Auch ein paar einstige Geliebte blieben ihm als Freundinnen erhalten, deutet er an. Das muss er nun bitte näher erklären! »Nun«, sagt er, »es ist selten so gewesen, dass eine Liebesbeziehung irgendwann auseinanderging und alles schieflief beim Abschied. Dass man sich nicht mehr mochte. An so was kann ich mich kaum erinnern. Vielmehr blieben wir verbunden. Vielleicht lag das auch daran, dass ich mich nie mit Ehrgeiz in ein Verhältnis gedrängt hatte, wenn die Frau vergeben war. Oder dass ich mich verliebte, wenn es aussichtslos erschien. Ich war auch nie ein Eroberer! Und so blieb oft eine Freundschaft. Ich genoss das, weil Frauen besser zuhören können, weil sie sich ihrem Gesprächspartner mehr zuwenden als Männer, die doch dazu neigen, meist nur von sich selber zu sprechen. Bei Männergesprächen ist man schnell im Klischee. Bei Frauen geht es um Themen.«

Es gibt bekannte Frauennamen, die in Verbindung mit Mario Adorf gebracht werden. Aber auch da bleibt er ganz Gentleman und lächelt solche Gerüchte im Gespräch einfach weg. Nie würde er einen Namen nennen, auch wenn er dann und wann über Untreue philosophiert.

Ich muss beim Thema Frauen und Adorf an eine klassische Szene denken, die ich öfter während der Aftershow-Party nach der Bambi-Verleihung beobachten konnte, zu der ich als Reporter eingeteilt war. Dort sitzt Adorf stets in der Very-VIP-Lounge hinter einer Kordel am Ehrentisch, den weißen Seidenschal über seinem Smoking, und seine Kolleginnen wechseln sich ab, ihn dort zu besuchen. Natürlich kommen Iris Berben und selbstverständlich Hannelore Elsner. Sie lehnen sich etwas an seine Seite, beugen sich zu ihm herab, neigen sich ihm zu – und vor allem hören sie ihm zu. Wie er erzählt. Und sind begeistert. Als ich ihn daran erinnere, bestätigt er dieses Ritual. »Ja, auf einem Foto vom letzten Jahr sah ich sogar, wie die Iris ihre Hand auf meine Brust legte dabei. Das ist ja schon eine ungewöhnliche Geste, nicht wahr? Ein großartiges Gefühl.«

Adorf schmunzelt und streicht jetzt über sein goldenes Amulett, das er an seinem rechten Handgelenk trägt. Es zeigt den heiligen Tropez, nach dem das einstige Fischerdorf benannt wurde, in dem Adorf jetzt lebt. Die Heimat seiner Frau Monique. Sie trägt den gleichen Schmuck. Wir sitzen in den Sesseln seiner »Elephanten«-Suite und hören an den Schlägen, die von der Rathaus-Uhr zu uns klingen, wie die Zeit verrinnt. Die hellen Glocken aus Meißner Porzellan spielen Volksweisen. Aber Adorf lebt im Jetzt. Gleich kommt Fußball, sagt er, Champions League, auch noch sein Lieblingsverein Bayern München, das will er sehen.

Am nächsten Morgen bringt er zum Frühstück eine DVD seines letzten Films mit: »Der letzte Mentsch.« Er spielt einen Juden, der den Holocaust überlebt hat und nun nach seinen Wurzeln sucht. Wir sprechen bei Müsli und Croissants über den neu aufflammenden Judenhass in Deutschland. Adorf erzählt von seiner Beziehung zum Judentum: »Ich bewundere die geistigen Leistungen, vom jiddischen Witz über die Literatur bis ins Theater hinein. Dann die Zusammenarbeit mit dem Regisseur Fritz Kortner und sein großer Einfluss auf mich und mein Spiel. Und dass ich als Junge einige Juden kannte, diese wunderbaren alten klugen Männer in ihren schwarzen Kleidern, hat sicher zu meinem Interesse am Judentum beigetragen. Das waren ja Ehrfuchtspersonen, Doktoren, Geheimräte, so weise, wie die geredet hatten. Wie freundlich die zudem waren. Und auf einmal durfte ich nicht mehr

›Guten Tag‹ zu ihnen sagen, und sie mussten den Stern tragen.«

Am nächsten Tag geht es von Weimar nach Erfurt in die Alte Oper. In der Garderobe blättert die Kitschtapete ab, das Parkett ist zerschlissen, aus den Polsterstühlen treten Federn hervor. Schnittchen liegen unter Frischhaltefolien bereit und eine Champagnerflasche im Eiskübel. Wie immer lässt Adorf alles stehen. Legt sich auf die alte Couch. Und schläft ein, seelenruhig. Anderthalb Stunden vor seinem Auftritt.

Und auch nach der Show wird er in seinem inneren Gleichgewicht bleiben, noch bis zwei Uhr nachts in seinem Hotelzimmer an seinem Laptop schreiben, wieder den Text für sein Programm ein bisschen umschreiben oder erweitern. Von Erschöpfung keine Spur. Nicht mal von einer Müdigkeit. Er sagt dann zu allem Überfluss noch, dass es ihn manchmal amüsiert habe, wie einige Kollegen diese Erschöpfung nach einer Rolle gespielt hätten. Und erinnert sich an eine Begegnung mit dem großen Sir Alec Guinness in London – den Jüngeren bekannt aus seiner Rolle als »Obi Wan-Kenobi« in »Star Wars«. Dabei war Guinness einer der Schauspiel-Titanen des 20. Jahrhunderts und wurde wegen seiner Wandlungsfähigkeit auch als »Mann der tausend Gesichter« gehuldigt.

Dieser Gottvater von einem Schauspieler spielte in den 70er Jahren in London Theater, ein Stück von Eugène Ionesco, »Der König stirbt«. Guinness hatte Adorf damals eingeladen, sich eine Vorstellung anzusehen und ihn nachher in seiner Garderobe zu empfangen. Denn er hatte gehört, dass Adorf dieses Stück demnächst in Berlin spielen solle. Adorf aber konnte mit dieser Rolle wenig anfangen. Und er erwartete nun, dass Guinness sie ihm vielleicht ein wenig näherbringen könnte.

Da kam Adorf also nun nach der Vorstellung in die Garderobe von Guinness, der dort in seinem Sessel saß und seine Abgekämpftheit vor dem Gast zelebrierte. »Er spielte sie, das merkte ich ihm an«, erinnert sich Adorf. Und dann erzählte er seinem Kollegen, dass er eben Zweifel habe, ob er das Stück spielen solle, weil es ihm nun mal nicht so viel sage. Da reagierte der Meister pikiert. Tupfte sich jetzt noch theatralischer die Schminke aus dem Gesicht und hauchte nur: »Don't …« Woraufhin Adorf tatsächlich die Rolle ausschlug.

Jahre später sehen sich Guinness und Adorf wieder und drehen zusammen »Smileys Leute«. In einer Pause spricht Adorf ihn an und bringt sich bei ihm in Erinnerung: »Wir kennen uns. Ich habe Sie einmal in Ihrer Garderobe besucht, als Sie ›Der König stirbt‹ gespielt haben. Und da hatte ich Ihnen erzählt, dass ich dieses Stück vielleicht in Berlin hätte spielen sollen. Sie rieten mir davon ab und sagten: ›Don't!‹ Deswegen habe ich es nie gespielt.« Da schaute ihn Guinness verwundert an und hauchte mit der gleichen Theatralik von damals: »Why …? Why did I say ›Don't!‹?«

Guinness konnte sich beim besten Willen nicht mehr daran erinnern, warum er Adorf abgeraten hatte.

Ein besonderes Thema seiner Schauspielerkarriere sind die vielen Todesarten, die er darstellen musste.

Wenn er davon erzählt, senkt er seinen Kopf. Dann fällt ihm sein Adorf-Scheitel in die Stirn. Er erinnert sich: 15-mal hat man ihn erschossen, zweimal mit dem Beil erschlagen, zweimal gehängt, zweimal vergiftet, zweimal ist er überfahren worden, einmal lebendig verbrannt, einmal ertrunken, einmal ist er erstochen worden, als Nscho-tschi-Mörder Santer stürzte er in die aufgestellten Lanzen der Apachen. Und einmal – in der Oscar-gekrönten »Blechtrommel« – erstickte er an einem Nazi-Parteiabzeichen und wurde dann auch noch erschossen.

Auch über seinen ganz eigenen Tod redet er wie von einer Rolle. »Ich glaube, dass ich dann einfach weg bin. Alles andere ist nur ein schöner Traum. Das Diesseits ist für mich das Einzige, was zählt.«

Aber er sei doch ein Überlebenskünstler und werde weiterleben in seinen Filmen, versuche ich, ihm zu widersprechen. »Gut, es wäre schön, wenn man noch ab und zu einen Film anschauen würde. Aber der Mensch wird doch vergessen.«

Aber was ist mit den Tausenden, die ihm auf dieser Tournee das Gegenteil mit auf den Weg geben wollen, wenn sie sich zum Schluss vor ihm erheben und ihm zujubeln? »Das ist ja schön«, antwortet Adorf, »aber die Musik hat hier gespielt, und sie wird hier aufhören. Man sollte sich selbst nicht so wichtig nehmen.« Dann lächelt er. »Es interessiert mich auch überhaupt nicht, dass ich durch irgendeine Rolle, die ich noch spiele, der Nachwelt etwas länger im Gedächtnis bleibe. Denn ich glaube an das große Vergessen.«

Böll, Brandt, Grass

Herr Adorf, als Sie in den 70er Jahren gewichtige Rollen im »Neuen deutschen Film« spielten, u. a. in »Die verlorene Ehre der Katharina Blum« von Heinrich Böll, begegneten Sie Böll auch privat. Sie haben ihn zu Hause besucht. Was war Böll für ein Mensch?
Ein ganz wunderbarer, bescheidener, sehr kölnischer Mann.

Was bedeutet das, ein sehr kölnischer Mann?
Erst einmal, dass er ein sehr ausgeprägtes Kölsch sprach. Und dass er dann so wunderbare Sachen zu mir sagte, z. B.: »›Katharina Blum‹ ist kein gutes Buch. Das ist überhaupt kein Buch! Das ist ein Pamphlet!« Das hat mich schon sehr beeindruckt. Dabei war es ja ein sehr erfolgreiches Buch. Und dann, als der Film in die Kinos kam, sagte er: »Der Film ist besser als das Buch, weil er erfolgreicher und daher wirksamer ist.« Das Buch war auch erfolgreich, aber er meinte, gegenüber den Millionen Zuschauern im Kino sei das kein Vergleich.

Konnten Sie sich damals seinem politischen Engagement anschließen?
Ich war damals politisch durchaus konform mit ihm,

auch mit Schlöndorff und Margarethe von Trotta. Es gab eine eindeutige linke Sympathie für den Protest gegen den damals drohenden Polizeistaat. Wir bemerkten schon bei den Dreharbeiten für »Katharina Blum« den Widerstand der Staatsgewalt. Das war für uns umso mehr ein Ansporn, diesen Film wirklich durchzuziehen. Beispielsweise haben wir aus Angst, dass der Film beschlagnahmt werden könnte, die Filmrollen, sobald die aus der Kamera kamen, in Sicherheit gebracht. Einmal kamen Polizeioffiziere an den Set. Als die mich baten, mit ihnen Fotos zu machen, ahnten sie nicht, dass hinter ihren Rücken die belichteten Filmrollen hinausgeschmuggelt wurden. So war die Stimmung damals im Lande.

Wie kam es, dass sich diese Widerstandsstimmung so verflüchtigte? Dass davon heute kaum mehr etwas übrig geblieben ist?
Tja, es hat sich einfach schnell aufgelöst … Wir haben noch »Deutschland im Herbst« gedreht. Auch ein kritischer linker Film, mit mehreren Regisseuren – von Fassbinder über Schlöndorff bis zu Alexander Kluge. Ich erinnere mich, dass im Jahr 1993, also 18 Jahre später, Volker Schlöndorff und ich aus einem Taxi am Palais Schaumburg stiegen und zum Bundespräsidenten gingen, der uns das Bundesverdienstkreuz überreichte. Da haben wir uns beide sehr lange angeschaut und waren uns durchaus der Situation bewusst: Wer hätte gedacht, dass wir heute hier stehen – nach der »Katharina Blum« damals. Aber das war die Entwicklung.

Was ist denn bei Ihnen persönlich übrig geblieben von Ihrem Engagement?
Eigentlich sehr wenig. Ich war ja nie politisch organisiert. Ich wäre auch nie in eine Partei eingetreten. Ich war immer gegen Vereine, Parteien und so weiter. Ich hatte ein sehr entschiedenes Gefühl, dass ich da nicht hingehöre. Das ging bis zum Tennisclub oder Golfclub.

Dann war auch der »Verein« SPD nichts für Sie.
Ich habe nie meine Sympathie für die SPD verheimlicht! Aber Engagement, Mitgliedschaft? Nein. Man darf auch nicht vergessen, dass ich während dieser Zeit in Italien lebte.

Aber der Mann Willy Brandt?
Die Identifikationsfigur! Für ihn begeisterte ich mich. Bei mir hat sich das politische Engagement der 70er Jahre dann wieder, muss ich leider sagen, zu einer ziemlichen Wurstigkeit oder einer gewissen Unbeteiligtheit verflüchtigt. Das muss ich zugeben.

Heißt das, dass mit dem Niedergang von Brandt auch von Ihrem Interesse an der Politik nicht viel übrig blieb?
Ja, ein bisschen stimmt das. Man wurde Zeuge, wie der Mann abgebaut und abgesagt wurde. Und das hat meine politische Begeisterung, wenn es denn überhaupt eine gab, schon ziemlich erkalten lassen.

Und zuvor? Was hatte Sie für ihn eingenommen?
Das war die Begeisterung für einen Mann, der in der Nachkriegszeit als Emigrant angegriffen wurde. Ich hatte immer ein großes Verständnis für seine Flucht. Noch mal: Die Emigration war für mich, seit ich am Theater angefangen hatte, ein großes Thema. Dort lernte ich all die aus der Emigration zurückgekehrten großartigen Schauspieler und Regisseure kennen. Nicht nur die Überfigur Kortner, auch andere, in Zürich etwa Berthold Viertel, den Dichter. Dieses Thema hat mich im Grunde nie ganz losgelassen.

Viele dieser Gedanken haben Sie sicher mit einem Mann geteilt, auf den ich jetzt kommen möchte. Denn gerade habe ich in Ihrem Wohnzimmer gesehen, dass ein ganzes Regal in Ihrem Bücherschrank aus Werken von Grass besteht. Wie war das, wenn Sie ihn besucht haben in seinem Haus bei Lübeck? Was strahlte dieser Mensch auf Sie aus, wenn Sie unter sich waren?
Wir hatten uns nach der »Blechtrommel« öfter gesehen, sind auch zusammen bei Lesungen aufgetreten. Noch kurz vor seinem Tod las ich in Lübeck aus seinen Werken, er saß im Publikum. Ein paar Tage später bin ich zu ihm rausgefahren. Wir gingen in eine Art Arbeitszimmer, das ganz einfach war. Mit seinem berühmten Stehpult, an dem er immer seine Bücher schrieb. Er war schon ein bisschen wackelig. Bei diesem Gespräch hat er mich auch ermutigt. Ich habe ihn gefragt, was er davon halten würde, wenn ich in mein nächstes Buch

»Schauen Sie mal böse!« ein paar meiner Zeichnungen aufnehmen würde. Ich hätte es mich nicht getraut, wenn er nicht gesagt hätte: »Mach das.« Ich hielt noch dagegen: »Das ist doch nur Gekrakel …« Aber er sagte: »Das macht nichts, das sagt was aus über dich. Fertig.« Dann haben wir darüber gesprochen, was er noch alles tun wollte. Wenn er nicht schrieb, malte er. Er hat sehr viel Zeit mit seinen Stichen verbracht. Es hätte mich gereizt, wenn er mir mal die Technik gezeigt hätte, aber dazu kam es nicht. Ich dachte auch damals noch nicht, dass es das letzte Mal war.

Seine Fehler

Wo liegen bei diesem Sonnenmann die Schattenseiten verborgen? Wo verbergen sich dunkle Stellen auf seiner hellen Seele?

Es dauert, aber irgendwann bemerkt man eine davon. Eine Eigenart dieses an sich großzügigen Mannes, der nun wahrlich nicht geizig ist, sondern ein in großen Zügen denkender und handelnder Mensch. Ausgerechnet dieser Mario Adorf, der beschenkt ist von Lob und Anerkennung, tut sich nämlich seltsam schwer, andere zu loben. »Ich kann nicht einzelne Kollegen hervorheben, dann sind die anderen beleidigt«, sagte er zu seiner Verteidigung, als ich ihn auf dieses Dilemma hinwies. Und ihn bat, mal ein paar seiner Kollegen zu loben, die er wirklich schätzt. Nein, das fände er zu einfach, dann müsse man eine ganze Geschichte über sie erzählen und nicht bloß ein paar Worte, sagte er.

Das sei notiert zum arg sparsam lobenden Adorf. Und noch etwas: Er selbst hat sich nie auch nur im Ansatz für etwas hervorgehoben. Man wünscht sich manchmal, er würde das tun, aber er kann das nicht: Einfach mal ganz kurz bloß mit sich selbst zufrieden sein. Das verbietet sich ihm. Ob es damit zu tun hat, dass seine Mutter ihn bei all ihrer Liebe auch lange Zeit nie richtig gelobt hatte? Natürlich hat er Lob von so vielen Kritikern, Zuschauern, Kollegen und Jurys bekommen. Wirklich angenommen hat er es aber nie so richtig. Er muss stattdessen, ganz so wie in seinem geliebten Johnny-Lied, »immer weiter, immer weiter, meinem Glück hinterher!« Auch wenn er es längst so viele Tausende Male gefunden hat.

Und da wäre noch ein kleiner Schatten, der einen mitten in der Wärme seiner Erzählungen kurz frieren lässt: Da sagt er auf einmal diesen Satz: »Gelassenheit, was heißt das eigentlich? Das bedeutet ja auch, die ganz großen Emotionen gar nicht mehr so zu empfinden. Das heißt doch, alles aus einer Entfernung zu sehen. Mit einer Beherrschung. Denn das, was du da machst, ist so toll nun auch wieder nicht.«

Lange muss man diesem Gedanken von ihm hinterherdenken. Und sich dann überlegen, ob man ihn glaubt oder nicht. Schwer vorstellbar ist, dass ein Gefühlsdarsteller wie er, ein Menschenschauspieler, große Emotionen »gar nicht mehr so empfindet«. Vielleicht ist es bloß so, dass er sich von ihnen nicht hinforttragen lässt wie so manche seiner Kollegen. Und dass er deswegen seelisch so heil geblieben ist in seinem an sich ungesunden Beruf.

Bis heute zweifele ich, ob sein Satz von der Gelassenheit wirklich stimmt. Aber vielleicht hat er auch recht, und gerade dieses Gewappnetsein gegen allzu große Gefühle schenkt ihm eines seiner Markenzeichen.

Fest steht nur eines: Dieser Mann lässt sich nicht festlegen.

Manchmal versuche ich ihm zu widersprechen und entgegne ihm, dass ich sehr wohl glaube, dass er besonders empathisch sein müsse, um große Gefühle auch großartig zu verkörpern. Adorf zieht dann seine Brauen hoch, grübelt und grummelt etwas und antwortet: »Nun ja, vielleicht hat das mit einer gewissen Wechselwirkung zu tun. Wenn man die Reaktion der Zuschauer bemerkt und das einen beeinflusst … Es ist also oft gar nicht ich, der ein Gefühl auslöst, sondern es sind die Menschen, die sich das ansehen.«

Sein Spiel wirkt bis heute schwer und tief im Leichten, in den lustigen Rollen. Dafür leicht im Schweren, in den schwierigen Rollen. Adorf, das ist das Melancholische im Heiteren, die Komödie in der Tragödie, der Gentleman im Boxer.

Es scheint, als wäre ausgerechnet ihm, der jedes Gefühl verkörpert hat in seinem Leben, eine Art Schleuse eingebaut in seine Seele. Die ihn lebenslang davor schützt, hinfortgerissen zu werden von Emotionen. Die sich öffnet, wenn er der professionelle Darsteller des großen Gefühls ist. Aber eben nie dessen Opfer. Die sich wieder schließt, wenn es um ihn selbst geht und seine eigene Seelenbalance.

Aber diese beiden gerade erwähnten kleinen bis mittelgroßen Schatten sind vielleicht gar nichts gegen den einen weitaus größeren, der über seinem Leben liegt. Nicht leicht zu finden ist er bei einem Mann, der »der beliebteste Schauspieler Deutschands« ist. Der so vielen gefällt.

Doch genau an dieser Stelle tut sich der vielleicht größte weiße Fleck auf. Der sich wie eine Art Niemandsland auf seiner Landkarte ausbreitet. Ein Fleck, der jene Stelle seines Ichs markiert, die kaum betreten ist, die voller Wildwuchs blieb, sein Leben lang. Nennen wir sie das Adorf'sche Areal der Freundschaft. In dem sieht es beim ansonsten vor Glück und Erfolg blühenden Reich von König Mario erstaunlich karg aus.

Er gibt das selber zu und sagt: »Ich war durch meine Arbeit und Leichtfertigkeit leider nicht in der Lage zu echten Freundschaften. Ich habe mich nie genug darum bemüht.« Ein Satz, der in seiner Deutlichkeit und Offenheit beeindruckt, aber auch schmerzt. Der folgende jedoch ist noch direkter und tut noch mehr weh: »Ein paar Menschen hätte ich halten sollen in meinem Leben. Das ist ein Fehler, den ich bereue. Aber jetzt ist es zu spät.«

Auf Klassentreffen, so erzählt er, begegne er alten Schulkameraden wieder, die bis heute befreundet sind, die sich zu Segeltörns oder Radtouren getroffen haben in all den Jahren. »Und ich bemerke dann, dass ich die irgendwie beneide. Aber ich spüre auch, dass das bei mir gar nicht drin gewesen wäre.« So lautet die Ausrede vieler Schauspieler. Und so ist es durchaus üblich unter ihnen, dass Verbindungen kommen und gehen. Dass sie vor allem dann abrupt enden, wenn die letzte Vorstellung gelaufen, die letzte Klappe gefallen ist. Wirkliche Freundschaften unter Künstlerkollegen sind selten. Dass es sie aber, so wie in Adorfs Leben, fast gar nicht gibt, macht traurig.

Als sein Kollege Otto Sander starb, erzählt Adorf jetzt, spürte er es einmal mehr sehr schmerzlich. Dass er so gerne mit ihm befreundet gewesen wäre. »Aber auch für ihn hatte ich mir zu wenig Zeit genommen. Das tut mir leid. Ich mochte ihn so gerne. Und bewunderte ihn!«

Man möchte nicht urteilen, warum das so ist, auch wenn man es sich oft fragt. Ein paar Gründe lassen sich aber vielleicht erahnen. Zunächst einmal ist ein Ausnahmekünstler wie er in der Tat schwer kompatibel mit den meisten Menschen, die ihm begegnen. Und dann ist es natürlich so, dass ein von Talent Getriebener wie er fast alles andere in seinem Leben um sich herum verdrängt. Allein schon kraft seiner hier viel beschriebenen Aura. So feinsinnig sie auch sein kann – Adorfs Gabe, ganze Räume einzunehmen mit seinem Charisma, mag viele andere Menschen an Wände gedrückt haben. Oder unsichtbar werden lassen in seiner Gegenwart. Auch wenn das nie seine Absicht war.

Und ja, ein Vollblutkünstler ist auch ein Vollzeitkünstler. Er hört nun mal niemals auf, Mario Adorf zu sein. Er macht deswegen auch nie Feierabend, um sich mit Freunden zu treffen. Und schon gar nicht fährt er in Urlaub, um mit ihnen Radtouren zu unternehmen. Nein, er bleibt ganz und gar und andauernd Schauspieler, wo er auch geht und steht. Und dreht sich so zwangsläufig um sich selbst. Und eben nicht um andere. Er muss wie alle großen Künstler ein Egozentriker sein.

Es gibt da aber noch einen etwas versöhnlicheren Gedanken, warum Adorf keine wirklichen Freunde hatte im Leben. Er findet sich im »Brief an einen jungen Dichter« von Rainer Maria Rilke. In ihm rät Rilke persönlich einem an sich und dem Leben zweifelnden und einsamen jungen Kollegen etwas Erstaunliches: Er empfiehlt ihm, dieser Einsamkeit nicht auszuweichen, sondern sie auszuhalten. Ja, sie sogar zu suchen.

Rilke schreibt an den jungen Dichter: »Es gibt nur eine Einsamkeit, und die ist groß und ist nicht leicht zu tragen, und es kommen fast allen die Stunden, da sie sie gerne vertauschen möchten gegen irgendeine noch so banale und billige Gemeinsamkeit, gegen den Schein einer geringen Übereinstimmung mit dem Nächstbesten, mit dem Unwürdigsten … Aber vielleicht sind das gerade die Stunden, wo die Einsamkeit wächst … Aber das darf Sie nicht irre machen. Was not tut, ist doch nur dieses: Einsamkeit, große innere Einsamkeit. In-sich-Gehen und stundenlang niemanden begegnen, das muß man erreichen können. Einsam sein, wie man als Kind einsam war, als die Erwachsenen umhergingen, mit Dingen verflochten, die wichtig und groß schienen, weil die Großen so geschäftig aussahen und weil man von ihrem Tun nichts begriff.«

Vielleicht umgibt Mario Adorf eben genau jene Einsamkeit lebenslang. Mit der er als Kind im Waisenheim nicht nur fertig werden musste, die er auch verwandelte in eine seiner Stärken, um dort nicht unterzugehen. Und die ihn fortan nie ganz losließ in seinem Leben. Jene »große innere Einsamkeit«. Rilke schreibt: »Die Leute haben alles nach dem Leichten hin gelöst und nach des Leichten leichtester Seite; es ist aber klar, daß wir uns an das Schwere halten müssen; … Es ist gut, einsam zu sein, denn Einsamkeit ist schwer; daß etwas schwer ist, muß uns ein Grund mehr sein, es zu tun.«

Dass etwas schwer ist, war für diesen Mann immer ein Grund, es zu tun.

Mit seiner »schweren Einsamkeit« brachte er es an eine im wahrsten Wortsinn einsame Spitze.

Mario und Amore

Thema Frauen. Lassen Sie uns doch anfangen mit Ihren wilden Zeiten. Sie haben mal gesagt, dass Sie in jüngeren Jahren Frauen recht sportlich behandelt haben. Es war für Sie damals wie Tore schießen oder so ähnlich. Ich hoffe, ich zitiere Sie da sinngemäß richtig.
Habe ich nicht gesagt, aber ich verstehe, was Sie meinen …

Also gab es da mal eine Zeit, in der Sie sehr viele Frauen kennenlernten und das Ganze so ein bisschen inflationär wurde …
Ja, so war das damals, in den 60er Jahren. Eine sehr offene Zeit, in der man sehr schnell und sehr häufig Beziehungen begann und wieder auflöste. Es waren dann sehr oft diese sogenannten One-Night-Stands. Das hatte damals tatsächlich etwas von sportlichem Gehabe. Also, das mit dem »Tore schießen« ist vielleicht doch nicht so ganz falsch. Ich habe das eine Zeitlang so gelebt. Aber nicht mit der größten Überzeugung. Einen Lebenssinn konnte ich darin nicht erkennen. Man machte es, weil es erst mal alle so machten. Weil auch die Frauen sehr bereitwillig waren damals, sehr. Vorher, während meiner Studentenzeit, auch weil man in dieser Hungerzeit nicht

einfach mal ein Mädchen einladen und mit ihr ausgehen konnte, war das ganz anders. Das konnte man sich als Student gar nicht leisten. Und in die letzten Schuljahre und ersten Studienzeiten fiel ja auch meine Liebe zu Ellinor …

Ihre erste Liebe …

…ja, eine sehr dauerhafte und lange Geschichte. Ich sah das damals schon als einen kleinen Betrug oder einen kleinen Verrat an meiner Liebe, wenn ich ihr nicht treu war.

Später habe ich sie dann noch bei Klassentreffen wiedergesehen, denn wir sind ja bis zum Abitur zusammen gewesen. Auch als ich schon studierte, ging das immer noch weiter. Aber wir waren dann kein festes Paar mehr. Dazu hat es nicht gelangt.

Vorher gab es aber noch Gertchen, Ihre erste große unerfüllte Sehnsucht im Leben.

Ja, sie war die Ziehtochter unseres Hausbesitzers. Ich war acht oder neun Jahre alt und sie wohl schon 18 oder 19 Jahre alt. Ich war noch Messdiener im Marienhaus. Wir sangen: »Maria zu lieben ist allzeit mein Sinn.« Aber ich sagte mir: »Ich liebe nicht Maria, ich liebe Gertchen.« So wie ich auch unseren »geliebten« Führer Adolf Hitler, den Schreihals, nicht liebte, sondern den Tenor Benjamino Gigli, den Pavarotti der 30er Jahre.

Und Gertchen war Ihre erste Ahnung von einer Frau als Junge … Auch Ihre erste erotische Ahnung, wenn sie manchmal im Waschzuber in der Küche badete und Sie sahen ihr Spiegelbild in der Scheibe des Radios. Aber sie hatte natürlich einen Verehrer, ich glaube einen Soldaten.
Ich hätte auch gar nicht gewusst, was man da so machen soll, obwohl ich bei ihr meine erste Erektion hatte. Es waren die ersten Liebesphantasien meines Lebens. Eine von ihnen war, dass ich sie unbedingt aus einem brennenden Haus retten wollte. Und für sie tat ich all die Dinge liebend gern, die meine Mutter von mir vergeblich erwartete oder verlangte. Für sie putzte ich sogar die Treppe, um ihr zu imponieren.

Gibt es denn etwas Bestimmtes, das Sie immer an Frauen angezogen hat? Ausstrahlung, Aussehen?
Na ja, in den ersten Jahren stand das Äußere im Vordergrund, und die Eroberung. Da fand ich Frauen hübsch, anziehend, sexy, aber man schaute nicht tiefer. Erst im Laufe der Zeit lernte ich dann Frauen kennen, bei denen ich mich etwas anderes fragte: »Was ist das eigentlich mit denen? Ich verstehe sie nicht. Was treibt sie an? Was machen sie anders als wir? Was haben die im Kopf?« Und ich hatte dann regelrecht den Wunsch, dahinterzukommen, reinzugucken: »Was hat die, was macht sie anders?« Aber diese Expeditionen gingen eigentlich auch immer schief, weil ich merkte: das ist ja, als wenn man eine Uhr auseinandernimmt und sie dann nicht wieder zusammenkriegt. Es gibt da einfach ein Geheimnis!

Diese Entdeckung ist für mich etwas sehr Wertvolles gewesen.

Wie ist das denn heute bei Ihnen und Monique?
Das gilt bei mir und meiner Frau noch nach 50 Jahren. Es gibt immer noch Dinge, die ich bei ihr nicht nachvollziehen kann, die ihr Geheimnis bleiben.

Welche Bereiche meinen Sie, bei denen man als Mann nicht weiterkommt bei Frauen?
Ich meine dieses andere Verstehen der Welt. Man kann sich mögen, man kann sich lieben. Aber es gibt Bereiche, wo man nicht weiterkommt. Manchmal denke ich, es ist eine Art Instinkt, ein anderer Instinkt. Eine andere Art, zu Urteilen zu kommen, die ich nicht verstehe. Auf die ich selber gar nicht komme. Monique kommt daher manchmal auch zu einer ganz anderen Beurteilung von Menschen als ich. Aber ich habe gelernt, dass man das dann so lassen muss. Wir sind eben nicht gleich. Dieses Anderssein hat ja sehr viele positive Seiten. Warum sollte man das aufheben wollen?

Ist es denn anders herum auch so, dass wir Männer in gewisser Weise ein Geheimnis bleiben für die meisten Frauen? Oder sind wir nur einfacher gestrickt?
Ja, wir sind einfacher gestrickt! Wir sind offensichtlicher, leichter zu erkennen, zu beurteilen und zu verstehen. Das Geheimnis des Mannes sehe ich nicht. Allerdings: Wenn ich das zu einem Homosexuellen sagen würde,

er würde vielleicht antworten: »Moment, Mario. Mein Mann hat ein Geheimnis.« Man sollte also nicht verallgemeinern. Aber grundsätzlich würde ich schon sagen: Wo soll der Mann denn ein großes Geheimnis haben?

Ihr Interesse an einer Frau hat also immer mit diesem Geheimnis zu tun?
Für mich wurde der Kontakt zu einer Frau immer interessant, wenn er über die Augen lief. Das Aussehen kam natürlich dazu, man war ja nicht blind. Aber das war nach meinen Jugendjahren nicht erstrangig. Deswegen war ich auch kein »Aufreißer«. Ich suchte immer eine Antwort von ihr auf meine Frage: »Was hast du zu sagen? Was geht da vor in deinem Kopf«. Dann kam natürlich das andere auch dazu.

Waren Sie auch fasziniert von Frauen, die Sie für gute Schauspielerinnen gehalten haben?
Ja, ich habe das immer schon bewundern können. Aber das ist bei mir getrennt von meinem Interesse als Mann. Wenn ich eine Frau als Schauspielerin schätzte, habe ich sie nicht begehrt. Nun ja, bis auf ganz wenige Ausnahmen. Mein Interesse galt erst einmal ihrer Begabung. Und die hatte wenig zu tun mit ihrem Frausein.

Aber wie oft war es andersherum? Wie viele Frauen haben sich in Sie verliebt wegen Ihrer Schauspielkunst?
Das weiß ich jetzt ehrlich gesagt nicht. Aber was mir zum Beispiel an meiner Frau immer gefiel, war, dass sie

meinen beruflichen Erfolg eigentlich gar nicht wahrnahm. Mein Beruf war ein Job für sie. Sie hat mich nie bewundert für das, was ich gespielt habe. Und das hat mir immer gutgetan. Umgekehrt habe ich als Mann nie meinen Beruf ausgenützt, sondern das immer getrennt.

Vorgestern, als wir über den Markt von Saint Tropez bummelten, habe ich wieder einmal beobachten können, wie die Menschen auf Sie reagieren, natürlich vor allem die deutschen Urlauber. Mich interessiert dabei Ihre Warte: Wie begegnen Ihnen die Menschen auf der Straße, die Sie erkennen? Heute wollen ja alle sofort ein Selfie …
Also daran habe ich mich gewöhnt. Es wäre ja Unsinn, das abzulehnen. Manchen macht man eine echte Freude damit, andere suchen vielleicht nur eine Gelegenheit, um anzugeben damit, aber solange sie höflich und freundlich sind, mache ich das gerne.

Gestern auf dem Markt kam eine Frau auf Sie zugerannt und machte Ihnen aus dem Stand heraus eine wunderbare Liebeserklärung.
Es kommt schon vor, dass mich jemand erfreut, indem er mich z. B. an eine besondere Filmsituation erinnert. Das ist manchmal bewegend, wenn man bedenkt, dass die Leute, die vor einem stehen und Komplimente zu alten Filmen machen, ja selbst damals jung waren. Das ist ein schönes Gefühl, wenn man bedenkt: Diese sehr nette alte Dame hat mich im Kino gesehen, da war sie 20

oder 25. Und jetzt erinnert sie sich nach 50 oder 60 Jahren daran.

Noch mal zu Monique. Was lieben Sie an Ihrer Frau und was verbindet Sie beide?
Ich kenne Monique jetzt 50 Jahre. Sie hat einfach immer gute Laune in mein Leben gebracht. Nie war sie unzufrieden, sondern immmer positiv, das hat mir gutgetan. Bevor ich sie kennenlernte, lebte ich ja alleine in Rom. In einer sehr eingemauerten, fast schon mönchischen Lebenshaltung. Und sie hat mich da rausgeholt, unter Menschen gebracht. Sie hat meine unbequemen alten Möbel verkauft und hat alles weiß lackiert. Sie hat mir damals schon wohlgetan. Sie hat Humor. Sie hat Temperament. Unermüdlich viel davon!

Wie nah stehen Sie Ihrer Tochter Stella?
Sie hatte eine eher schwierige Kindheit, und ich war für sie lange ein unbekanntes Wesen. Allerdings gibt es auch viele Fotos, die uns zusammen zeigen. Da sie aber nicht mit mir aufgewachsen ist, war und ist es keine enge Vater-Tochter-Beziehung.

Und das schmerzte Stella nicht?
Nein. Sie fühlte sich nicht vernachlässigt. Wir freuen uns heute, dass ein freundschaftliches Verhältnis daraus geworden ist, nachdem es in ihren Teenjahren angespannt war. Sie wird unsere Erbin sein, auch der Enkel Julius.

Wie verstehen Sie sich mit Ihrem Enkel?
Das ist im Moment noch ein bisschen distanziert. Aber es wird langsam interessant. Seit er größer geworden ist, er ist jetzt 15, können wir immer besser miteinander reden. Ich war bisher vielleicht auch kein idealer Großvater.

Sie haben oft in Talkshows sehr nonchalant über das Thema Treue philosophiert und erklärt, dass die Leute sich zu schnell trennen, wenn mal ein Seitensprung passiert, und dass Sie und Monique da eine besondere Großzügigkeit leben. Woher kommt es, dass Sie beide da so locker bleiben?
Erst einmal waren wir 17 Jahre zusammen, ohne verheiratet zu sein. Das hieß allerdings auch, dass wir beide, nicht nur ich, auch schon einmal andere Wege gegangen sind. Wir waren damals auch nicht ständig zusammen. Und wenn mal ein Abenteuer rauskam, war das nie so entscheidend. Das fand ich immer richtig, daher mein Gedanke: Viele junge Leute reichen nach dem ersten kleinen Seitensprung sofort die Scheidung ein, ohne sich vielleicht zu fragen, ob sie selbst etwas falsch gemacht haben. Für mich fängt eine Beziehung dann überhaupt erst an.

Was vor 50 Jahren durchaus nicht normal war …
Wir hatten aber auch unsere Regeln. Eine hieß, dass man immer miteinander redet. »Nie böse aufeinander einschlafen.« Diskutieren, ausdiskutieren, das Problem

aus der Welt schaffen. Und nicht: »Gute Nacht« und sich umdrehen. Ich hatte immer das Gefühl, wenn man das tut, geht was kaputt. Und das haben wir so durchgehalten. Im Laufe der Jahre, wenn man diese Schwierigkeiten überwunden hat, entsteht eine Gemeinsamkeit, und man steht nicht mehr gegeneinander, sondern miteinander der Welt gegenüber. Das war so meine Vorstellung von einer Entwicklung: dass man nicht sein Leben lang immer am anderen rummäkelt, ihn kritisiert und sich aufreibt, auch durch zu viel Nähe. Stattdessen entsteht einfach das Bewusstsein: Wir gehören zusammen. Und dazu gehört, den anderen neben sich altern zu sehen und das zu akzeptieren und sogar schön zu finden.

Mancher Mann sagt ja ab einem bestimmten Alter: »Eine Jüngere muss her. Weg mit dieser alten Schraube. Aber auch er wird älter, und was sieht dann die neue, junge Frau? Einen alten Sack! Die Katastrophe ist dann meistens schon vorprogrammiert.

Nämlich welche?
Dass sie ihn betrügt, ihn verlässt oder dass er früher stirbt und eine fröhliche Witwe hinterlässt.

Haben Sie in Ihrem Leben ähnliche Erfüllung in der Liebe erfahren wie im Beruf?
Da will ich erst mal sagen, dass das ein großer Unterschied für mich ist, der berufliche Erfolg und das Glücksempfinden in der Liebe. Für mich ist das etwas

völlig anderes. Und es hängt überhaupt nicht zusammen.

Gut, dann also die Liebe zu den Frauen …

Also. Glück in der Liebe. Ja, schon. Aber ich würde sagen eher mittelmäßig. Ich habe mit vielen, vielleicht sogar mit sehr vielen Frauen geschlafen. Aber dass ich jedes Mal glücklich gewesen wäre, nein. Ich würde das nicht als Glück bezeichnen. Es war kein Glück, das war schön oder weniger schön, das war Befriedigung.

Das ist sehr ehrlich.

Glück ist ja auch kein Dauerzustand. Man kann nicht fortwährend glücklich sein. Glück gibt es nur in besonderen Momenten. Dieselben ganz besonderen Momente können Glück bedeuten. Und solche Momente hat es in der Liebe einige wenige gegeben, vor allem als ganz junger Mensch, als Heranwachsender, das heißt echte Verliebtheit, eine große, bedeutende, richtige Verliebtheit. Momente, in denen man auch Glück zurückbekam. Zu echtem Glücksempfinden gehört ja die Gegenseitigkeit, dass ich einen Menschen glücklich mache und selber dabei glücklich bin. Das waren für mich diese wenigen Momente.

Und die hatten Sie zum Beispiel mit Ihrer ersten Liebe Elinor?

Auf jeden Fall. Da würde ich sogar sagen, das war für mich das größte, ungetrübte Glück, ohne jede Einschränkung. Mit ihr war ich sehr glücklich. Die erste Liebe kennt wirklich dieses Hochgefühl, das man nur ganz selten im Leben empfindet. Später ist man dann entweder zu abgebrüht, einfach schon verwöhnt oder ich weiß nicht, was noch.

Ahnten Sie das schon früh in Ihrem Leben, dass es uneinholbar sein würde?
Ja, ich fragte mich schon ziemlich früh: Wirst du noch einmal diese Verliebtheit erleben? Und ich hatte den Verdacht: Es wird immer weniger der Fall sein.

Damit kann man d'accord sein?
Ja, doch. Im Grunde ist es leider so, dass man einsehen muss, dass gewisse Dinge vorbei sind im Leben.

Und wie ist es als Mann in der Mitte des Lebens, wenn die Lust nicht mehr so eine Hauptrolle spielt, wenn der Drang nach Eroberungen und Erotik etwas nachlässt?
Es ist ein Verlust. Aber letzten Endes ein bequemer Verlust.

Gab es denn auch mal großen Liebeskummer, großes Liebesleid in Ihrem Leben?
Gab es sicher. Das ist unvermeidlich. In dem Moment, wo man liebt, gibt es auch die Momente, in denen man leidet.

Wurden Sie mal verlassen?
Nein, das nicht. Aber ich habe sehr früh die Eifersucht beiseitegeschoben. Das war für mich immer ein unwürdiges Gefühl. Eifersucht. Dabei habe ich schon Eifersucht erlebt. Gerade auch bei Ellinor, weil diese Liebe ja anfangs keine beidseitige war. Ich habe sie einfach als meine Mitschülerin lange angebetet. Und es war nicht so, dass wir schon früh ein echtes Liebespaar wurden. Deswegen war ich auch eifersüchtig. Zum Beispiel auf den lieben Gott, nicht wahr? Den sie statt meiner so inbrünstig anbetete. Und natürlich, wenn sie mit anderen Jungs auf der Schule flirtete. Das war die Eifersucht, das Liebesleid des Heranwachsenden. Aber das hat es später in diesem Maße nicht mehr gegeben.

»Isch scheiß disch zu mit meinem Jeld«

Wie oft schon hat uns alle dieser Heinrich Haffenloher aus »Kir Royal« aufgeheitert? Eigentlich ist dieser Mann, dieser Generaldirektor und Marktführer in Europa für industrielle und handelsübliche Klebstoffe, nur erfunden. Und doch scheint es manchmal, als gäbe es ihn wirklich. Er war ganz plötzlich in vielen unserer Köpfe, wenn ein von sich selbst überzeugter Chef in der Betriebsversammlung mit Millionenbeträgen um sich warf und geichzeitig Entlassungen ankündigte. Er fiel manchem von uns ein, wenn ein Popanz am Nachbartisch des Restaurants seine Gespielin beeindrucken wollte. Er war sogar dann zur Stelle, wenn ein gut verdienender Verwandter auf einer Familienfeier auf dicke Hose machte.

Immer dann, wenn uns einer weismachen wollte, dass es im Leben doch letzten Endes immer nur um die Kohle geht, hatten wir ihn vor Augen. In seiner ganzen Pracht und mitsamt seiner ganzen Prahlerei. Und während unser Gegenüber ungebremst weiter strunzte von der Macht des Geldes, war es in diesen Momenten so, als würde einer den Ton abdrehen. Und stattdessen ihm das Feld überlassen. Ihm, dem großartigsten aller Großmäuler und Geldprotzer: Heinrich Haffenloher! Und mitten hinein in die Szenerie platzte jetzt der Satz aller Sätze: »Isch scheiß disch sowatt von zu mit meinem Jeld!«

Immer dann konnten wir an Adorfs bekannteste Rolle denken. Die bis heute fast allen Leuten als Erstes in den Sinn kommt, wenn sein Name irgendwo fällt. Die an ihm klebt im wahrsten Wortsinn.

Viele von Adorfs Kollegen haben versucht, Charaktere wie diesen zu spielen. Solche zum Bersten komische Typen. Doch kaum einer hat es geschafft, einer auf den ersten Blick derart eindimensionalen Rolle solche Nuancen abzutrotzen wie er. Dieser Haffenloher macht sich aus einem rheinischen Nest auf nach München, in dem zu »Kir Royal«-Zeiten noch die Musik der Republik spielte, die man damals noch als »Tamm-Tamm« bezeichnete. Zu einer Zeit, als München Mekka der »Schickimickis« war und sich nicht nur als »heimliche«, sondern auch als Hauptstadt der Society vorkam. Und leider auch als Sehnsuchtsziel der »Adabeis«, wie die echten Münchner Promis jene »Auch dabei Seienden« nannten. Emporkömmlinge, die auch dazugehören wollten auf den roten Teppichen und in den Promilokalen.

In genau diesen Menschenzirkus drang nun dieser Haffenloher mit all seiner vermeintlichen Macht, die aber innerhalb einer Folge der Kultserie »Kir Royal« in ihrer ganzen Ohnmacht verpuffen sollte.

Die genialen Macher dieser Serie, allen voran Regisseur Helmut Dietl und sein Drehbuchautor Patrick Süskind, hatten dem Klebstofffabrikanten einfach die Luft rausgelassen in 45 Minuten Sendezeit. Und daran labte sich ganz Fernsehdeutschland.

Wieso ist diese Rolle aber derart gegenwärtig geblieben, auch nach so vielen Jahren ihrer Erfindung? In Zeiten, in denen die Musik, von der eben die Rede war, natürlich längst weitergezogen ist nach Berlin. In denen sich die heutigen »Adabeis« darum reißen, im »Grill Royal« oder »Borchardt« zu speisen, statt wie damals im Münchner »Tantris«.

Die Antwort ist Adorf.

Weil er diese Type so vollgestopft hat bis an ihre Ränder mit seiner Spiellust. Beinah platzt dieser Haffenloher doch, weil Adorf so viele Farben und Facetten in ihn hineinlegt. Er spielt ihn längst nicht nur als Clown, Provinz-Heini und Großkotz. Sondern mitten in der besten Szene auch als brüchigen Charakter. Adorf überrascht alle, als er von einem Sekundenbruchteil zum anderen diesen Aufgeblasenen regelrecht gefährlich werden lässt. Als er aus dem Narren einen Paten macht. Ganz kurz bloß. So, dass man erschrickt, wie sich dieser Haffenloher auf einmal aufbaut vor dem Baby Schimmerlos. Wie er ausgerechnet ihn, diesen ebenfalls so großmäuligen und superarroganten Reporter einschüchtert. Dass dieser nur noch lautlos schlucken kann.

Adorf spielt diesen Haffenloher wie einen modernen »Kaiser ohne Kleider«. Wie er da fast nackt vor Schimmerlos steht, nur in einen Bademantel gepackt. Und wie seine ganze materielle Eitelkeit, die er so gerne zur Schau trägt, so leicht zu enttarnen ist wie einst bei dem Gekrönten.

Die echten Haffenlohers

Mario Adorf, in vielen Ihrer legendären Rollen haben Sie Ihren rheinischen Eifeldialekt hineingelegt. Stichwort: »Ich scheiß dich so was von zu mit meinem Geld …!«
Wenn ich diesen Satz wie Sie gerade in Hochdeutsch gesagt hätte, hätte er sicher nicht diese Wirkung gehabt, nicht? Ich sagte ja: »Isch scheiß dich sowat von zu mit meinem Jeld, dat de keine ruhije Minute mehr hass.« Dieses gefährlich gemütliche Kölsch, was ich auch schon in Katharina Blum als Kommissar benutzte. Da war ich der beinharte Ermittler, der aber auch den ganz gemütlichen Kölner rauskehren konnte, um dann wieder mit großer Boshaftigkeit zuzuschlagen. So hab ich schon in meiner allerersten Rolle in »08/15« und viel später in der »Blechtrommel« meinen heimischen, rheinischen Dialekt eingesetzt.

Jetzt müssen wir das Geld-Zitat noch mal näher analysieren. Ich wüsste gerne von Ihnen, warum das so unglaublich hängen geblieben ist bei den Menschen?
Ja, ich weiß es auch nicht. Das ist ja insofern eine wichtige Szene, weil die Figur vorher als lächerlich dargestellt wird, als lächerlicher Karrieretyp, der in die Schickimicki-Gesellschaft reinkommen will, sich erniedrigt und

mit Geld um sich schmeißt. Bis er sich dann auf einmal in der Nacht, in der er besoffen ins Hotel kommt, fragt: »Wer bin ich eigentlich?« Die Zuschauer glaubten ja bis dahin, er sei ein lächerlicher Provinz-Heini. Und auf einmal lässt er diesen Schimmerlos antanzen und putzt den runter. Das hat die Leute gefreut. Weil dieser Schimmerlos ja von seinem Charakter her zwar charmant und witzig angelegt, aber dann doch kein Sympathieträger war. Ich glaube, man hat das dem Kroetz in dieser Szene gegönnt, dass er runtergemacht wird von diesem Haffenloher.

Genau! Dieser provinzielle Haffenloher bekommt auf einmal etwas Mächtiges. Zumindest etwas Gewaltiges durch Ihr Spiel …

»Ich mach dich fertisch!«, sagt er. Man kann die Wirkung dieser Szene wahrscheinlich nie ganz erklären, aber es ist schon vom Buch her eine gute Szene. Das war bei Haffenloher übrigens fast so wie bei der Rolle des Schuckert in Fassbinders »Lola«. Das fand ich an Schuckert auch faszinierend, der war ja auch von Fassbinder als böser Ausbeuter angelegt. Diese ganze Kraft aber, die der so an den Tag legt, auch seine Jovialität, das waren Zutaten von mir, die ich diesen Leuten verdanke, die ich nach dem Krieg in meinen Jobs kennengelernt habe, als junger Arbeiter.

Im Akkord in der Bimssteingrube …

Die Arbeit da unten hieß: jeden Tag zehn Stunden lang

schaufeln, zu zweit, und so zu schaufeln, dass das Förderband keine Stellen ohne Sand aufwies. Es gab nur schaufeln, schaufeln, schaufeln.

In dieser Hölle kam Ihnen ein Philosoph aus Trier in den Sinn …

Ja, während des ersten Mainzer Semesters meines Philosophie-Studiums war mir ein Buch von Karl Marx in die Hände gefallen, ich glaube das »Kommunistische Manifest«. Ich las, wie Marx, der ja für mich sozusagen ein Eifeler Landsmann war, das Los der ausgebeuteten Arbeiter beschreibt. Und auf einmal sah ich mich nicht nur in der Marx'schen Theorie, sondern in der nackten Praxis als ein solcher Lohnsklave.

Wenn ich aus der Bimssteingrube hochschaute, bemerkte ich einige Male einen Mann, der von oben grinsend auf uns herunterschaute und den mein Kumpel »den Chef« nannte. Ein dicker, rotgesichtiger Bauer, der nun in weißem Hemd mit wehender roter Krawatte den Unternehmer spielte und der zu uns herunterschrie: »Hopp, hopp, hopp!« Auf einmal erkannte ich in ihm den Marx'schen Ausbeuter, und ich merkte, wie sich in mir ein Hass auf diesen Menschen entwickelte.

Ich vermute, dass Sie diesen Hass umgemünzt haben, um solche Typen künftig lebensnah darzustellen …

An meiner Darstellung dieser Figuren ist jemand anderes schuld. In meiner Zeit als Handlanger beim Bau lernte ich einen Unternehmer kennen, der mir einen

Hungerlohn von 99 Pfennigen pro Stunde zahlte, für den ich aber keinen solchen Hass empfand. Ich bewunderte ihn sogar, weil ich in ihm einen der »Macher« sah, die den Wiederaufbau nach dem Krieg ankurbelten. Neben seinem ausbeuterischen Geschäftssinn war er am Samstag nach Feierabend humorvoll und großzügig, spendierte Bier und Schnaps mit dem schönen Namen Moselfeuer. Genau dieser Boss wurde dreißig Jahre später mein Vorbild für den Bauunternehmer Schuckert.

Und wer stand dann Pate für den Haffenloher?
Ein Rheinländer, ein Lackfabrikant, der einmal bei einem Filmball zu mir kam und mir zuraunte: »Herr Adorf, die Nastassja Kinski, dat is ja ein dollet Weib. Können Sie misch der mal vorstellen?« Das hatte ich im Ohr. Er war dann auch ein bisschen sauer, dass ich ihn im Film so nachgeahmt habe.

In Deutschland verschwinden die Dialekte ja leider immer mehr aus der Öffentlichkeit. Sie haben mir mal erzählt, dass Sie Ihre österreichischen Kollegen beneiden, weil sie ihre Akzente so gut nutzen für ihr Schauspiel?
Das Österreichische hat in der Ausdrucksmöglichkeit einige Vorteile gegenüber dem Hochdeutschen, das ja eigentlich eine Kunstsprache ist. Es hat sich aus einer aus der Luther Bibel entwickelten Kunstsprache zum Hochdeutsch für ganz Deutschland entwickelt. Das hat den Vorteil, dass wir alle eine gemeinsame Sprache haben, aber den Nachteil, dass bis heute sehr viele un-

serer schönen und wichtigen mundartlichen Eigenarten verschwinden. Wenn ich zurückdenke an die Anfangszeiten des Fernsehens, als die meisten Politiker noch alle ihre ganz deutlichen Heimatakzente hatten, nicht? Von Adenauer angefangen! Sein Kölsch! Und auch andere, also auch der Schwabe Theodor Heuss, der Bayer Strauß. Das half meiner Meinung nach, sie zu gewichtigen Persönlichkeiten zu machen. Für mich erzählt die Grundfärbung eines Dialekts nicht nur etwas über die Herkunft, sondern auch über den Menschen selber. Ich hab das als Schauspieler sehr schnell feststellen können: wenn ich in einer Rolle meinen Heimatdialekt benutzte, war das ungleich wirksamer als das sogenannte Bühnendeutsch.

Dann wurde Ihnen schon der Dialekt auf der Schauspielschule abtrainiert?

Man sollte nicht hören, woher jemand kommt. Dabei kann man im Hochdeutschen nicht so viel Wucht erzeugen wie im Dialekt. Deswegen hab ich trotzdem sehr bewusst und sehr gerne immer wieder Akzente benutzt. Sogar im Italienischen hab ich mir das zum Teil aneignen können. Meine erste große Rolle war der angebliche Massenmörder Bruno Lütdke, der ein Köpenicker mit einem schlesischen Einschlag in der Sprache war. Ich war bis dahin noch nie in Berlin gewesen, musste mir das also aneignen. Aber es gab dann viele Leute, die mich über Jahrzehnte für einen waschechten Berliner hielten. Dass die Dialekte verschwanden, kam natürlich auch durch den Krieg, die ganzen Ostdialekte hört man ja nicht mehr. Das Ostpreußische war einmal ein ganz typischer Akzent.

Wie sehen Sie als Weltmann auf Dialekte, haben Sie da Abneigungen oder Vorlieben?
Ich habe festgestellt, dass alle Metropolen, London, New York, Paris, Rom, Berlin eine ganz besondere Art von Dialekt haben. Einen sehr harten, schnodderigen, überheblichen und manchmal nicht immer angenehmen Ton. Obwohl man das Berlinerische noch irgendwie als sympathisch finden kann, aber es kann auch sehr ungemütlich sein. Das Gleiche stellte ich in Rom fest, da gibt es dieses Romanaccio, sehr schnodderig, sehr überheblich. Genauso wie in Paris, dort klingt das Französisch oft wie eine Art Milieusprache. Wobei es die hochnäsigen bürgerlichen Pariser oft gar nicht benützen, die Franzosen sind ja eher stolz auf ihr Französisch. Und sogar sehr eingebildet auf ihre elegante Sprache.

Das Deutsche allgemein hatte und hat ja im Ausland nicht immer den besten Ruf. In Italien wurde mir das klar. Wenn ich in Italien am Telefon zufällig in Gegenwart von italienischen Freunden deutsch sprach und das Telefonat zu Ende war, sagten die zu mir: »Was war denn das für eine Sprache? Das war doch kein Deutsch! Deutsch geht doch so: ›Jawoll mein Führer, raus, raus, schnell, jawoll, ja‹. *Das* ist Deutsch.«

Männermode

Man kennt ihn irgendwie nur aufrecht. Im Gehen und Stehen sowieso, aber ebenso im Sitzen, auch dort hält er sich gerade. Adorf lässt nie in Gegenwart anderer mal einfach so seine Schultern hängen. Ständig ist da diese Disziplin sich selbst gegenüber. Die sogar seinen leichten Bauchansatz kaschiert. Denn sein breit gewölbter Brustkorb überragt ihn. Auf Rollenbildern sieht man es, dass dieser Mann gerne mal zehn Kilo leichter gewesen sein muss.

Die Bild-Zeitung pflegt bekanntermaßen ihre ganz eigenen Angewohnheiten, um über deutsche Prominente zu berichten. Und einige ganz wenige heimische Stars werden von ihr sogar traditionell bedacht, wenn es ihnen nicht so recht ist: in ihrem Urlaub. Auf Platz eins dieser Promis: Angela Merkel in Dreiviertelhose und Anorak beim Wanderurlaub in Tirol. Auf Platz zwei: Jogi Löw beim Eisessen in seinem Freiburger Stamm-Café. Platz drei: Mario Adorf. Beim Baden in St. Tropez. Jedes Jahr im Juli liefert ein Paparazzi zuverlässig die Bilder von ihm an seinem Lieblingsstrand. Und jedes Jahr druckt die Bild fast die gleichen, aber immer neu gelieferten Motive: Adorf neben seiner Frau Monique auf einer Liege am Strand. Adorf in Strand-Dress durch den

Sand spazierend. Und als Höhepunkt: Adorf badend in der lauen Brandung. Bevorzugt mit Badekappe.

2018 betextete die Bild-Autorin wieder einmal diverse Badehosen-Adorf-Aufnahmen, die ihre Fotoredakteure im Archiv gefunden hatten: Lauter Badehosen in Pink, Mintfarben und Türkis aus den vergangenen Jahren. Und notierte neben einem Bild, das Adorf aktuell und ausnahmsweise mal angezogen am Strand zeigt: »Filmlegende Mario Adorf (87, ›Der große Bellheim‹) läutet in seiner südfranzösischen Wahlheimat den Sommer ein – und zeigt sich beim Strandausflug mit Ehefrau Monique (73, in St. Tropez geboren) modisch als Mann von Welt.«

Machen wir also den Realitätscheck in St. Tropez. Adorf erschien am Sonntag in einem weißen Leinenhemd mit himmelblauen Streifen, weißer Hose und roséfarbenen Slippern. Am Montag dann in einer türkisen Chino-Hose mit grün-blau-kariertem Hemd, in dessen Karos sich das originale Türkis der Hose wiederfand. Dazu trug er grasgrüne Wildlederschuhe an seinen braungebrannten Füßen. Dienstags wählte er ein Hemd in Himbeerton und zog sich einen gelben Gürtel durch die Schlaufen seiner hellblauen Hose. Die Mokassins dazu waren türkis. Mittwochs war seine Hose sonnengelb und sein Hemd, das er wie immer lässig über der Hose trug, orange. Donnerstags ging er in Karminrot und Meerblau.

Und so bunt ging und geht es weiter. Als wollte er den Namen seiner Wahlheimat ehren, dieser azurblauen Küste. An der das Licht so flirrt und strahlend über das

Meer bis in die Bäume des Ufers gleißt, dass auch alle anderen Farben zu leuchten beginnen.

Der Mann, der schwarz-weiß berühmt wurde, in einer Zeit, als das Kino noch keine Farben kannte, ist ein Multicolor-Mensch.

In Saint Tropez sieht man so einige Herren in auffälliger Kleidung. Es ist hier ein bisschen so wie im Vogelreich: Die bunten sind die Männchen.

Wobei man kaum einen aus der Generation Adorf sieht, der seine Farben so abstimmt und der sie so tragen kann wie er. Und sie passen zu diesem Ort und dieser Küste. Auch deswegen liebten die großen Maler diese Loge der Natur. Marc Chagall liegt im nahen Saint-Paul-de-Vence begraben, Pablo Picasso suchte Zuflucht in dem provenzialischen Künstlerdorf Vauvenargues. Und Henri Matisse hat in Vence eine Kapelle ausgestattet in seinen Formen und Farben.

Mario Adorf trägt ihre Farben. Fast jeder andere in seinem Alter würde mit ihnen ein bisschen nach Sugar-Daddy oder zumindest nach einem Dandy-Rentner aussehen. Adorf aber kombiniert die Farben seiner Kleidung, als wäre auch er ein Maler. Er fügt sie an sich selbst zusammen. Dieser Mann ist ja schließlich auch ein Impressionist. Das, was er verkörpert und spielt in seinen Filmen und auf seinen Bühnen, sind Momente aus Stimmung und Licht. Sie flimmern nur kurz über die Leinwand oder den Bildschirm, dann verflüchtigen sie sich. Und bleiben dennoch im Gedächtnis. Es sind seine ganz eigenen Lichtspiele.

Und doch, so sagt er zumindest, fallen Mode und Bekleidung nicht mehr so sehr ins Gewicht wie in seinem jüngeren Leben. »Ich bin da nicht mehr up to date«, meint er, und es klingt ein wenig kokett. Nein, nein, beharrt er dann, es stimme, er habe seit Jahren keine neuen Anzüge mehr gekauft. Bloß einen vielleicht, den er sich vor einem Jahr für einen Film habe machen lassen von einer Firma in München. Und Krawatten habe er seit Urzeiten keine neuen gekauft. »Wer trägt denn heute noch Krawatten?«, fragt er.

Apropos früher. Damals hat seine Vorliebe für Maßgeschneidertes auch praktische, vielmehr figürliche Gründe gehabt. Weil er nun mal eine ziemlich weite Kragenweite hatte, 48 oder 49 sogar, vertraute er sich einem tollen Schneider in Rom an. Denn solche Kragenweiten gab es nicht im Handel.

Er ist da ein halber Italiener. Und italienische Männer achten mehr auf sich als deutsche. Sie wollen »bella figura« machen. Auch und gerade im Alter. Während sich bei vielen Deutschen im Rentenalter das ohnehin schwach ausgeprägte Modebewusstsein arg verschlampert.

Früher habe er bei all seinen Filmen nach der letzten Klappe seine Kostüme für 50 Prozent Preisnachlass erstehen können. Und so fällt ihm bei diesem herrlich eitlen und daher zum Lachen freigegebenen Thema natürlich eine schöne Adorf-Anekdote ein. Er erzählt, wie er bei »Kir Royal« Tüten des Münchner »Modezaren« Rudolph Moshammer in die Kamera hat halten müssen.

Seidenanzüge trug sein Heinrich Haffenloher von ihm, was ja auch wie die Faust aufs Auge passte für diese Figur. »Diese Anzüge waren damals teuflisch teuer, jeder kostete über 4000 Mark«, erinnert sich Adorf.

Für 4000 Mark hätte er diese beiden Teile nun nach dem Dreh erstehen können. Aber Adorfs Mutter begutachtete die Ware mit ihrem Näherinnen-Blick vom Fach. Vor allem jene Partien am Revers und die Knopflöcher. Und riet ihrem Sohn ab vom Kauf. »Zu schlechte Qualität, selbst für die Hälfte«, befand Mama Adorf.

Ungleich höher aber war der Werbewert für Moshammer, dass Weltstar Adorf erkennbar seine Schneidereien getragen hatte in »Kir Royal«. Doch erkenntlich gezeigt hatte sich dieser nie für die Reklame bei seinem Top-Model. Jedoch: Als Adorf Jahre später über die Münchner Maximilianstraße spazierte, erspähte ihn Moshammer aus seinem Laden heraus und winkte ihn zusammen mit seiner Mutter hinein in seine Edelboutique. Dort hatte er dann gleich eine Lederjacke für seinen Haffenloher, pardon, seinen prominenten Kunden und ließ die gleich mal von ihm anprobieren. Dabei war dieses Exponat wirklich besser für den »Herrn Generaldirektor« als für den Schauspieler geeignet. Und bekanntlicherweise verschmelzen Figur und Mensch bei Adorf immer nur für die Dauer des Drehs oder Auftritts. Danach trennen sich die beiden wieder, und jeder geht seiner Wege.

Adorf aber dachte nun kurzzeitig und ausnahmsweise in Klebstofffabrikantenkategorien. Und glaubte: Jetzt will der Moshammer mir also etwas anbieten als Dank für das, was ich in »Kir Royal« gemacht hatte für ihn. Und dann stand er da in dieser recht pompösen Generaldirektorenjacke, und Moshammer nannte prompt ihren Preis: 8000 Mark! Adorf wollte gerade seinem Erstaunen Ausdruck geben, doch da war Moshammer samt seiner Mutter plötzlich verschwunden. Richtung Séparée im Ladenhinterteil. Dafür erschien sogleich eine Verkäuferin. Die flüsterte Adorf ins Ohr: »Herr Moshammer lässt Ihnen zehn Prozent nach, Herr Adorf …« Da zog er die Jacke aus und verließ Moshammers Laden, den er nie mehr betrat.

Berühmte Worte

Zur Unterhaltung zitiere ich jetzt mal ein paar Filmzitate von Ihnen, von denen ich vermute, dass sie ein kleines bisschen auch mit Ihnen selbst zu tun haben. Ich fange mal an mit dem Zitat: »Kann immer! Muss nie!«
Das ist der Schuckert, der Baulöwe aus Fassbinders »Lola«.

Sie verteidigen ihn spürbar in Ihrem Spiel.
Ich verteidige ihn, aber ich bin nicht so. Ich bin das nicht.

Nein, das sind Sie nicht, aber zeichnen Sie als Schuckert nicht ein männliches Wunschbild – dass ein Mann gerne alles erreichen kann, aber nie etwas muss? Eine Art von männlicher Sehnsucht?
Ja, aber es wäre nicht meine. Ich identifiziere mich nicht mit dieser Aussage. »Kann immer, muss nie« – ich habe das eher als etwas ziemlich Deftiges aufgefasst, als erotische Anspielung. Oder als Angeberei eines Machos.

Nächstes Zitat: »Fangen wir etwas Vernünftiges an mit der Zeit, die uns noch bleibt!«
Das ist aus dem Bellheim. Diesen Satz habe ich mit per-

sönlicher Überzeugung gesagt. In ihm steckt schon sehr viel drin, vielleicht schon wieder zu viel: »Die Zeit, die uns noch bleibt« …, diese Anspielung auf ältere Männer und so weiter. Ich weiß nicht, ob ich so etwas persönlich mit damals 60 Jahren auch schon gesagt hätte.

»Film! Film ist meine große Leidenschaft!«, sagen Sie als Rossini im gleichnamigen Film von Helmut Dietl. Sie sind der Wirt, haben dieses Promi-Lokal aufgebaut und träumen nun davon, einmal selbst Schauspieler zu sein. Ihre Stimme und auch die Stimmung im Film kippen dabei, deswegen prägt sich diese Szene so ein …

Das war eine Sache der Darstellung. Es war in diesem Moment meine Idee, es so zu spielen. Bei Dietl klang dieser Satz ganz normal. Ich spiele ihn aber so, dass dieser Rossini in dieser Szene damit angibt, wie groß sein Einfluss auf den von Götz George dargestellten Uhu Zigeuner ist (mit dem in der Realität Helmut Dietl gemeint ist). Diese Szene spielt ja in einem ganz bestimmten Moment, in dem der George alias Uhu Zigeuner mit dem »Schneewittchen« alias Veronica Ferres abhaut. Ich habe ihm sogar die Schlüssel für meine Wohnung gegeben …

Und das voller Verzweiflung …

…mit einer ganz großen Verzweiflung, er weint ja beinahe, springt dann aber über seinen eigenen Schatten. Meine Interpretation hat den echten Dietl dann aber überzeugt. Ursprünglich war diese Szene von Dietl so gedacht, dass ich als Rossini einfach Uhu Zigeuner einen fälligen Freundschaftsdienst erweise.

Nächstes Zitat: »Warum, warum..? Warum leckt sich ein Rüde die Eier …? Weil er es kann!«
Ja, ja, das ist natürlich ein schöner Satz, nicht wahr? Aus dem »Schattenmann«.

The Voice

In unseren Interviews lerne ich zum ersten Mal ein mir bis dahin verborgenes Gesicht von Adorf kennen. Da ist ein Mann, der sich in den Antworten vortastet, statt sie pointensicher zu platzieren. Der lange in sich hineinhört und sich Pausen gestattet. Der manchmal neu ansetzt und zu schürfen scheint nach den richtigen Worten.

Und hat er die richtigen Worte dann herausgelassen, scheint er ihnen manchmal hinterher zu hören. Wie ein Komponist es tut, wenn er eine neue Melodie erschafft. Er legt den Kopf zu einer Seite. Und lauscht dem Nachhall seiner Sätze und mehr noch dem seiner Gedanken. Dann aber interessiert ihn die Reaktion auf sein Gesagtes im Gesicht seines Gegenübers.

Achtsam und besonnen zugleich wirkt er. Ich lasse mich manchmal von seinen erzählten Erinnerungen hinforttragen und brauche länger Zeit als sonst, die nächste Frage zu stellen. Vor allem immer dann, wenn Adorf Worte findet, die so treffen, dass man sie auch in die Rinde von Bäumen ritzen könnte.

Apropos Klang – vielleicht liegt es an seinem breiten Brustkorb, seinem Resonanzraum. Jedenfalls hat Adorfs Stimme diesen unverkennbaren Nachhall.

Auch der private Adorf trägt dieses gewisse Schnurren in der Stimme, in dosierter Form. Die Wörter, die er wählt, gehen in dem Sound seines Sprechens mehr ineinander über, wirken melodiöser als in seinen Rollen. Ein bisschen mag das auch am Ort liegen, an dem er sich gerade aufhält. Wenn er den Sommer lang an der Côte d'Azur lebt, spricht er mit seiner Frau nur Französisch, zuweilen – wenn es Tischnachbarn nicht verstehen sollen – fällt er ins Italienische. Wie viele stolze Franzosen kann Monique kaum Englisch und gar kein Deutsch. Und es mag sein, dass sich etwas von der Musikalität ihrer Muttersprache auch in sein Deutsch einschleicht. Jedenfalls klingt er in Saint Tropez etwas heiterer und harmonischer in seiner Aussprache, als man es von seinen deutschen Rollen kennt.

Monique ist eine Frau von einem besonderen Temperament. Sie redet nicht einfach, sie singt fast ein bisschen, wenn sie spricht. Und Adorf steigt ein in diesen Sound. Für deutsche Ohren klingt es stets ein wenig nach Oper, wenn die beiden miteinander reden. Rührend zudem, wie sie, wenn sie irgendwo im Haus nach ihm sucht, nicht seinen Namen ruft, sondern nach ihm pfeift in immer verschiedenen Melodien. Bis ihr Mann ihr antwortet, natürlich ebenfalls mit einem Pfeifen. Jedes Mal klingt es wie ein spätes Balzen.

Erstaunlich aufmerksam sind die beiden zueinander nach gemeinsamen 50 Jahren. Sie gehen respektvoll und zärtlich miteinander um. Es dauert nie lange, bis einer dem anderen die Hand reicht. Oft streichelt sie ihm scheinbar wie beiläufig kurz durch die Haare oder lehnt sich an ihn an. Und manchmal, wenn Monique ihm guttut, sei es mit einem Blick oder einem lieben Wort, gibt er dieses Adorf'sche Brummen von sich. Weil er sich wohlfühlt mit und bei ihr.

In seiner Art zu sprechen liegt nicht nur eine Melodie, wenn er in Frankreich lebt. Sondern zusätzlich ist da ein südlicher Klang, den ihm sein italienischer Vater vererbt haben mag. Obwohl der ihm kein Italienisch beibrachte, weil der Sohn seinen Vater nie richtig kennenlernte. Aber dennoch ist da diese italienische Impulsivität in Adorfs Sätzen, dieses Auf und Ab.

Weil er ein guter Schauspieler ist, kann er diesen angeborenen Italiener in seinem Organ ziemlich unter Kontrolle halten. Würde er ihm freien Lauf lassen, könnte er für deutsche Gewohnheiten ziemlich schnell nach jenen Italienern klingen, die die meisten Deutschen aus ihrem Alltag kennen – nach den Eisverkäufern, Kellnern, Opernsängern, die in jeden ihrer Sätze eine ganze Klaviatur von Lauten, eine Tonleiter zum Klingen bringen. Vom tiefen bis zum hohen C. Nein, das passiert Adorf natürlich nicht, aber er könnte es jederzeit. In der Komödie »Pizza Colonia« mit Willy Millowitsch etwa spielt er einen Papagallo, der genauso spricht.

Der klassische Adorf aber dunkelt seine italienische Musikalität in seiner Tonlage nicht nur ab, er legt auch in seine Worte dieses leicht Heisere, dieses Raue und Kerlenhafte hinein. Er vermag das beliebig zu steigern. Bis er dieses Türknarrenartige in der Stimme hat. Dann ähnelt er stimmlich manchmal Marlon Brando in seiner Lebensrolle als der Pate. Leider hat er in einem Anflug von Hochmut eine Rolle im »Paten« ausgeschlagen. Ähnlich verbockte er es, als Billy Wilder ihn für »Eins, Zwei, Drei« haben wollte. »Da bereue ich heute meine Arroganz von damals«, sagt er und knurrt sein Adorf-Knurren.

Nicht ohne eine passende Anekdote über seine Stimme zu erzählen. Wie er als junger Star für ein Jahr nach Hollywood gegangen war und dort im berühmten »Beverly Hills«-Hotel logierte und sich nun im hauseigenen Friseursalon rasieren ließ. Um die Gesichtshaut einzuweichen, legte ihm der Barbier heiße Tücher um seinen Kopf. Trotzdem blieb er nicht still, sondern brummelte irgendetwas durch die Tücher, als gerade Peter Ustinov den Friseursalon betrat. Der erkannte die Stimme seines Kollegen trotz der Vermummung sofort und tönte durch den Salon: »Aaadooorfff!«

Ustinov besaß eine ähnliche Stimme wie sein Kollege. Eine, die nach Großvater und Held klingt. Die lodern und glimmmen kann wie Glut.

Es kam nicht von ungefähr, dass Adorf den Drachen im Film »Dragonheart« synchronisierte. Weil dieses Ungetüm nicht bloß gewaltig, sondern bei aller Monströsität zugleich nahbar und klug wirken sollte. Also kamen seine Macher auf Adorf. Im Original sprach Sean Connery dieses Tier.

Der Hunger bleibt

Ein paar alte Bilder von ihm trage ich in Schemen mit mir herum. Wenn ich in Gedanken schwanke zwischen seinem Gestern und seinem Heute, das bunt und voller Leben und Luxus ist, dann denke ich mitunter auch an seine tristen Anfänge.

Besonders stark zieht es einen in frühere Zeiten zurück, wenn er von seinen Hungerjahren erzählt. Die bis in seine Zeit als Schauspielschüler dauerten. Man stellt sich dann diesen ausgemergelten Adorf vor, den es auf alten Fotos gibt und der davon träumte, sich einmal satt zu essen. Und dann sitzt er wieder vor einem in einem schönen Restaurant an der Küste von St. Tropez. Ganz bewusst genießt er sein Essen. Und sein Leben.

Bei einer dieser Mahlzeiten, Adorf hat Miesmuscheln bestellt und zwickt mit einer leeren Muschel das Fleisch aus den anderen, läuft ein Film ab vor meinen Augen. Es ist jener, den ich aus München hierher in sein Paradies mitgebracht habe. Ich lebe fast so lange wie er in dieser Stadt, und ich liebe von all seinen Lebensanekdoten besonders jene, die sich in München vor seinem Durchbruch zugetragen haben. Sie handeln von seinen harten und auch bitteren Nachkriegszeiten.

Bis in die frühen 50er Jahre holte ihn hier der Hunger ein, der ihn seit den letzten Kriegsmonaten verfolgt hatte. An den Wochenenden war es besonders schlimm. Denn dann hatte der kleine Milchladen in seinem Viertel zu, bei dem er unter der Woche Kredit bekam und manchmal sogar etwas Buttermilch oder ein paar Semmeln von gestern geschenkt. An einem dieser Wochenenden lag Adorf auf dem schmalen Bett seiner Kammer. »Hätte die Sonne reingeschienen, hätte ich rausgemusst«, zitiert er noch den Ausspruch seiner Mutter, mit dem sie damals das Domizil der beiden in Mayen kommentiert hatte. Sein Blick geht von seinem Bett wie immer hoch zu dem kleinen Fenster oben an der Wand, durch den er ein winziges Stück von Münchens so weitem Himmel sehen konnte.

Ein Zittern erfasste seinen ausgehungerten Körper, als am weißblauen Himmel ein riesiger Ballon in der Form eines überdimensionierten Bierfasses vorbeischwebt. Werbung der Brauerei »Löwenbräu«. Hin und her gleitet das Luftfass am Fenster vorbei. Und der Hungernde wird nun auch noch durstig für drei. Es ist die Zeit des Oktoberfestes, und der Ballon schwebt über dem »Löwenbräu«-Festzelt.

Adorf erinnert sich genau an diesen Tag. Da bricht er also auf, verlässt seine Kammer und streunt kreuz und quer über die Theresienwiese, auf der verzweifelten Suche nach etwas Essbarem. Die Massen schieben ihn hin und her, es wogt vor Menschen auf der »Wiesn« an Sonntagen mit Sonnenschein. Und was er auch findet am Boden an Übriggebliebenem, ist längst festgetreten oder verdreckt. Er sieht die Holzbodengitter der Bratwurstbuden, stellt sich auf eines, greift in seine leere Hosentasche und tut nun so, als sei ihm gerade ein Geldstück herausgefallen. Dann bittet er die Umstehenden, kurz Platz zu machen. Er wolle bloß schnell das Gitter anheben, um nach der Münze zu sehen. Und die bierseligen Bratwurstesser helfen ihm sogar, heben die Bretter kurz an. Und Mario hofft, dass dort tatsächlich in den letzten Tagen ein paar Münzen Wechselgeld in den Matsch geplumpst sind. Doch vergebens.

In seiner Verzweiflung zieht er weiter ins Gewühl und spielt jetzt den Betrunkenen. Er rempelt einen der Breznstecken an in der Hoffnung, eine der Brezn würde vielleicht vom Stecken zu Boden kullern. Doch auch dieses Manöver scheitert.

Er gibt auf. Schwappt mit der Menschenmasse wieder hinaus aus dem riesigen Areal und will schon wieder einbiegen in die Lindwurmstraße, um zurück in seine Kammer zu stiefeln, da sieht er sie! Eine Frau, in deren Gesicht nur Angst steht. Die sich rücklings an einen der Straßenbäume krallt. Um sich dann mit aller Kraft abzustoßen vom Stamm und Richtung Straße zu stolpern. Genau zu der Stelle, auf die gerade die Straßenbahn der Linie 8 zudonnert.

Mario Adorf erkennt in diesen Sekunden, dass die Frau sich umbringen will. Er hechtet mit einem Sprung auf sie zu. Reißt sie im letzten Moment zur Seite, eh die Tram sie erfasst. Beide liegen Arm in Arm im Rinnstein der Lindwurmstraße. Er hört das Kreischen der

Straßenbahn-Bremsen und das Schrillen ihrer Klingel. Sieht Menschen kopfschüttelnd vorbeigehen, die denken, dass da zwei Betrunkene gestolpert sind. Er erhebt sich und hilft der Frau aus dem Staub der Straße auf. Als die getrieben von ihrer Angst und doch gelähmt von diesem Schock mit einem Stottern beginnt zu erzählen. Dass man ihr die Handtasche geklaut habe auf der Wiesn und dass sie dann auch noch ihre Freunde verloren habe im Getümmel.

Mario versucht, die zittrige Frau zu beruhigen: »Aber das ist doch kein Grund, sich umzubringen. Fahren Sie erst mal nach Hause.« Das ginge aber nicht, erwidert die Gerettete, in der geklauten Handtasche seien doch Geld und Hausschlüssel gewesen.

Da hakt er sie ein und nimmt sie mit zu sich in seine Kammer. Er erinnert sich: »Wie Ertrinkende halten wir uns aneinander fest in einer tröstenden Umarmung auf dem schmalen Bett. So liegen wir lange beieinander. Erst später stellen sich, fast unbewusst, Zärtlichkeiten ein, Liebkosungen …«

Soweit diese Geschichte von Hunger und Liebe, über die wir sprechen, als wir in einem seiner Lieblingslokale in St. Tropez sitzen. Unter unseren Füßen weicher Sand, das Meer im Blick.

Adorf deutet mitten hinein ins Blau der Wellen, auf einen kleinen Felsen, der aus dem Meer ragt. »Sehen Sie die kleine Statue dort? Die hat Gunter Sachs anfertigen und dort zu Ehren von Brigitte Bardot aufstellen lassen.« 1000 Rosen ließ Sachs, um BB zu erobern, in ihren

Garten regnen. Von einem Helikopter aus, der über ihr Strandhaus »Madrague« schwebte.

Auf jedem der Tische des Strandclubs steht ein Olivenölfläschchen in einem Flakon, das aussieht wie der eines teuren Parfums. In einem solchen Club hat Adorf seinen 80. Geburtstag gefeiert. Und weil es am 8. September auch in Saint Tropez schon manchmal frisch wird am Abend, ließ er Wolldecken an all seine Gäste verteilen. Mit seinem eingestickten Monogramm.

Viele aus seiner Generation, die als junge Menschen vieles entbehren mussten, haben bis heute Schwierigkeiten, ihr Leben zu genießen. Selbst wenn es ihnen heute gut geht. Vielleicht ist es auch eine deutsche Eigenart, sich dem Leben und seinen Genüssen nicht wirklich hingeben zu können. Auch deswegen lebt und genießt Mario Adorf anders als die meisten seiner Generation. Ja, richtig, er kann sich das leisten. Viele andere ältere Herren könnten das auch, tun es aber nicht. Weil sie es sich selbst nicht gestatten, nicht die Muße dafür finden oder weil ihnen die Lebensfreude dazu abhandengekommen oder knapp geworden ist.

Die Orte, in denen Adorf lebt und genießt sind München, Paris und sein terrakottafarbenes Haus in St. Tropez. Vom ersten Geschoss geht der Blick wie aus einer Vogelperspektive hinab in Richtung des kleinen Fischerortes, den Brigitte Bardot in den 50er Jahren weltberühmt werden ließ. Ganz so wie Mario Adorfs Frau Monique, eine St. Tropez-Gebürtige und zudem eine gute Freundin der Bardot, ihr Lichtdouble bei einigen Filmen und zu BB's großen Zeiten stets in ihrem Gefolge anzutreffen. Von Gestalt und Aussehen her hätte sie ihre Schwester sein können.

So schön weit weg von Deutschland lässt es sich in St. Tropez gut ein bisschen über den Branchenbetrieb lästern. Er kommt jetzt auf den TV-Zirkus samt seinen Galas und Preisverleihungen zu sprechen. Vor allem auf deren Merkwürdigkeiten. Entlarvend ist oft der Kameraschwenk ins Publikum, in dem fast nur Schauspielkollegen sitzen. Was meistens frustrierend und desillusionierend ist für die Zuschauer. Denn in den meisten Gesichtern der lieben Mitbewerber, Produzenten, Regisseure oder Journalisten ist seit langem schon die Langeweile geschrieben. Zu sehr gleichen sich die meisten aufgesagten Worte. Bei einigen fängt die Kamera aber auch Missgunst und Argwohn ein. Oder schlicht Durst und Hunger nach drei Stunden TV-Aufzeichnung und nun die Sehnsucht nach dem kalten Buffet und den Freigetränken.

Er selbst geht sparsam um mit Würdigungen seiner Person. Die öffentlich-rechtlichen Sender dienten ihm schon viele Geburtstag-Galas an. Zu seinem 60. Zu seinem 65. Zu seinem 70. und seinem 75. Zu seinem 80. probierten sie es ein letztes Mal. Vergeblich. Umso schöner jener Auftritt zu seinen Ehren bei der »Goldenen Kamera« im Jahr 2012. Laudatiert von Hannelore Elsner und Iris Berben lief dort, bevor der Lebenswerk-Preisträger erschien, eine Collage mit den Film-Höhepunkten seines Lebens. Als Adorf dann erschien, erhob sich das Publikum. Und mit ihm in der ersten Reihe seine großen US-Kollegen Denzel Washington und Morgan Freeman.

In solchen Momenten denke ich, dass dieser Mario Adorf mit seiner Filmkarriere startete, als Helmut Rahn »aus dem Hintergrund schießen müsste …« – und schoss. Und traf. Und Deutschland Weltmeister wurde.

Es begann im Jahr 1954 mit dem Kriegsfilm »08/15«. In einer Zeit, als viele von Deutschlands Städten noch zertrümmert waren. Als die berühmte und so berührende Heimkehr der letzten 10 000 Kriegsgefangenen aus Russland noch ausstand.

Und als im Jahr 1963 »Der Alte«, Konrad Adenauer, abtrat als Bundeskanzler, war Adorf schon ein internationaler Star geworden. Und lebte nun im »Hollywood« Europas, in Rom.

Nur noch gelegentlich kehrte er damals zurück nach Deutschland. 1968 zum Beispiel, um mit Senta Bergers Ehemann Michael Verhoeven eine Satire auf die damals angesagten Sexfilmchen zu drehen: »Engelchen macht weiter … hoppe, hoppe Reiter«. Was auch dank der guten Beziehungen gelang. Denn Senta Berger lebte damals ebenfalls in Rom.

Auch 1969 reiste Adorf von Italien nach Berlin, um mit dem großen Regisseur Wolfgang Staudte »Die Herren mit der weißen Weste« zu drehen, lebte aber weiter in Rom.

Bis ihn 1973 Edgar Reitz und 1975 Volker Schlöndorff für den »Neuen deutschen Film« engagierten. Sein

Kommissar Beizmenne in »Die verlorene Ehre der Katharina Blum« sollte ein Höhepunkt seiner Karriere werden. Und wieder eine – teilweise – Rückkehr nach Deutschland bedeuten. Denn 1976 spielte er an der Seite Heinz Rühmanns etwa in »Gefundenes Fressen«. Und dann 1977 zusammen mit Hildegard Knef im Billy-Wilder-Film »Fedora«. Bis er ein Jahr später die Hauptrolle des Alfred Matzerath in Schlöndorffs »Blechtrommel« von Günter Grass spielte, eine seiner Lebensrollen. Und dieser Film einen Oscar gewann.

Der Mann, der Nscho-tschi erschoss …

Zu Ihrer Freundschaft mit Pierre Brice: Wie haben Sie Ihre gemeinsamen Abende verbracht? Zuerst damals in Ihrer Römer Zeit, dann waren Sie oft in seinem Haus bei Paris …
Das Merkwürdige war, dass Pierre Brice, als wir 1963 »Winnetou« miteinander drehten, sehr zurückhaltend war. Ich hatte kaum eine Unterhaltung mit ihm. Wir hatten allerdings auch nur ganz wenige Szenen miteinander. Aber dann, etwas später, wurde Pierre mein Nachbar in Rom, in der Vecchia Roma, also im alten Rom. Nicht zu verwechseln mit dem klassischen alten Rom, der Roma Antica. Wir wohnten beide in der Via Giulia, einer berühmten Straße, an der auch der Palazzo Farnese, die französische Botschaft, liegt. Dort lernten wir uns richtig kennen. Er kochte gerne für uns und war einfach sehr lustig. Wir mochten uns sehr und waren wirklich eine Zeitlang fast unzertrennlich.

Die wahren Blutsbrüder …
Wir beide hatten richtig tolle Abende zusammen, an denen wir uns Geschichten erzählten. Das war die schöne Dolce-Vita-Zeit. Unsere Freundschaft hielt auch später, als er uns oft zu sich nach Hause bei Paris einlud. Pierre hatte damals in Rom eine finnische Freundin, die einen

Hund namens Titus hatte, so eine französische Dogge. Dieser Titus war ein ganz merkwürdiges Tier. Sehr eifersüchtig auf die Frauen, die mit Pierre dann und wann sein Bett teilten. Dann pinkelte Titus auch schon mal aus Protest auf sein Bett. Aber er liebte Titus. Jede Freundschaft und Liebschaft mit einer Frau wäre zerbrochen, wenn diese irgendetwas gegen Titus gehabt hätte.

Pierre Brice sagte, dass diese Zeit in Rom die schönste seines Lebens gewesen war.
Das war die Zeit, bevor ich Monique kennenlernte, so zwischen 1965 und 70.

Was hat Sie denn so verbunden mit Pierre Brice?
Wir hatten einfach eine lustige Zeit. Wir aßen und tranken zusammen, und es war immer eine schöne Gesellschaft um uns herum. Meist endete es in Rom spätnachts bei mir oben auf der Terrasse.

Und alles das, obwohl Sie in »Winnetou I« als Schurke Santer seine Schwester umgebracht haben. Nscho-tschi …
Erstaunlich, wie das bis heute in Erinnerung geblieben ist. Manche Leute sagen mir immer noch, sie hätten mich damals dafür gehasst.

Also haben Generationen von Kindern, die Winnetou liebten, Sie verflucht?
Die Wirkung war verheerend, die Leute waren mir lange böse.

So schnell wird man festgelegt in Deutschland. Wie haben Sie denn Pierre Brice' Dilemma erlebt, dass er zeitlebens geeicht war auf diese eine Rolle? Er hatte ja immer mal wieder gehadert mit Winnetou. Doch zum Schluss hatte ich den Eindruck, dass er seinen Frieden damit gemacht hatte und stolz war.
Ja. Manchmal glaubte er, dass diese eine Rolle eine vielseitigere Karriere von ihm verhindert hat. Aber ich sah das als seinen Glücksfall. Ich glaube, ohne diese Rolle hätte er als Schauspieler nicht solchen Erfolg gehabt.

Vor zehn Jahren haben Sie zusammen mit Brice einen Werbeclip für Hörgeräte gedreht, hier an einem der Strände von Saint Tropez sind Sie beide dafür wie zwei Buben im Sand rumgetollt. Wieso haben Sie erst so spät im Leben Werbung gemacht?
Weil meine Mutter das nicht wollte. Ich sagte: »Das ist doch viel Geld, das machen doch alle! Curd Jürgens, Götz George.« »Aber du machst das nicht! Wenn du ein echter Schauspieler bist, dann kannst du nicht zugleich Werbung machen!«, antwortete sie. »Aber der Gustav Knuth macht auch Werbung!«, hakte ich nach, weil sie Knuth mochte. Da sagt sie: »Ja, der kann das. Der ist 70, da ist das in Ordnung. Wenn du 70 bist, dann kannst du von mir aus Werbung machen. Oder wenn ich tot bin.« Was dann ungefähr zusammenfiel. Erst dann kamen die Fernsehspots für eine Versicherung.

In denen Sie zuletzt wieder eine Art Santer spielten, der vom Dach des Saloons auf sein Pferd springt. Wie kam es eigentlich damals zu dem Karl-May-Engagement?
Ich wollte erst gar nicht mitmachen, als man mir den Santer anbot. Ich war kein Karl-May-Fan. Ich hatte zwar einige seiner Bücher gelesen, aber ich spielte damals auf einer Theater-Tournee in der Provinz mit viel Erfolg in »Endstation Sehnsucht«. Damals lief gerade »Der Schatz im Silbersee« im Kino und hatte einen großen Erfolg – mit Götz George, Lex Barker und diesem Pierre Brice, den niemand kannte. Was sollte ich denn dabei? Ich wollte also schon absagen. Aber da saß ich an einem Abend mit einem Filmkritiker zusammen, der die Laudatio zu meinem ersten Bundesfilmpreis gehalten hatte und mir zuriet. »Adorf, Karl May! Das müssen Sie machen! Das ist deutsches Kulturgut. Das können Sie nicht ablehnen!« So habe ich dann zugesagt. Ohne große Liebe und ohne große Begeisterung. Und dann wurde es dieser große Erfolg ....

Warum wurden Sie als Santer eigentlich synchronisiert?
Es ist der einzige Film, in dem ich synchronisiert wurde. Denn ich war damals, 1963, nachdem »Winnetou I« abgedreht war und wie üblich nachsynchronisiert werden sollte, in Amerika. Die deutsche Produktion hätte sich nicht einfallen lassen, mich zum Nachsynchronisieren nach Deutschland zu holen. Ich war ja niemand. So hat mich Rainer Brandt gesprochen.

Hat Pierre Brice eigentlich Französisch gesprochen im Film?
Ja, und Apachen-Indianisch. Und für die kurzen Dialoge mit Old Shatterhand / Lex Barker haben sie sich wohl die Stichworte auf Englisch gegeben.

Wie haben Sie denn den ehemaligen Schwimm-Champion Lex Barker erlebt?
Lex Barker war ein ordentlicher Film-Tarzan, eine imposante Erscheinung, sympathisch und ohne Allüren, aber kein herausragender Schauspieler.

Der Mörder, der keiner war

Er hat wenig zu bereuen. Fast alles, was hinter ihm liegt, hat er mit Anstand zurückgelassen oder erledigt. Kaum einem Menschen hat er absichtlich wehgetan, und enttäuscht hat er wohl auch nur wenige. Edel wollte er dabei aber nicht sein. Was ihm besonders wichtig war: dass er nicht nur versuchte, den Menschen in seinem Leben gerecht zu werden, denen er begegnete, sondern auch jenen, die er spielte. Auch das ist ihm wohl bei fast allen gelungen. Bis auf einen. Und das war ausgerechnet der, mit dem er berühmt wurde. Die Rede ist von Bruno Lüdke. Dem vermeintlichen Massenmörder aus dem Film »Nachts, wenn der Teufel kam …« von 1957. Den es tatsächlich gegeben hatte und der, so glaubten es zumindest damals die Leute, zig Menschen, meist Frauen, ermordet haben soll.

Genau als solchen Massenmörder hat Adorf ihn im Film, der für den Auslands-Oscar nominiert wurde, gespielt. Und wenn er ihm auch menschliche Züge verliehen und versucht hat, die Ursachen für sein angebliches Tun durchscheinen zu lassen, so hat er ihn doch als Verbrecher gespielt. Und das war er mit aller Wahrscheinlichkeit gar nicht. Bruno Lüdke war – nach den neusten Forschungen und Expertisen – zwar ein leicht schwachsinniger Mann, aber kein Mörder. Vielmehr nur ein Sündenbock, mit dem die Nazi-Sicherheitspolizei einen Schuldigen vorweisen wollte für an die hundert rätselhafter Morde in Deutschland. Goebbels plante, ihn nicht einfach hinrichten, sondern öffentlich verbrennen zu lassen. Dann aber beschloss die Nazijustiz, den Fall zu verheimlichen. Denn Lüdke war ja ein Arier und kam deswegen für die Nazis als Vorzeige-Monster nicht in Frage. Und außerdem: Dass ein Psychopath jahrelang unbehelligt durch Deutschland reisen konnte, um Frauen zu töten, passte nicht zur Propaganda der Nazis, »Ordnung« geschaffen zu haben im Deutschen Reich. 1944 brachten sie den vermeintlichen Unhold aus Köpenick in Wien um, wahrscheinlich bei einem qualvollen medizinischen Versuch.

Dass Lüdke sich mehrfach selbst des Mordes bezichtigte, sehen sowohl Historiker als auch Kriminologen mittlerweile als Versuche des verzweifelten Mannes, unter dem Druck der Verhöre mit seinem Leben davonzukommen. Denn Lüdke war anerkannt unzurechnungsfähig, die Behörden hatten ihn nach dem berüchtigten Paragraph 51 für unmündig erklärt. Und Lüdke hoffte nun, dass ihn das schützen würde und gestand daher immer mehr Morde, die er gar nicht begangen hatte. Insgesamt 84.

Zu diesem Ergebnis kamen auch zwei Wissenschaftler, der Historiker Axel Doßmann und die Professorin für Mediengeschichte Susanne Regener. Sie haben vor kurzem nach jahrelangen und akribischen Studien und

Recherchen das Buch »Fabrikation eines Verbrechers. Der Kriminalfall Bruno Lüdke als Mediengeschichte« veröffentlicht. Adorf hat jede Zeile daraus gelesen und jeder hinterhergesonnen und sich wochenlang mit den Ergebnissen beschäftigt. Er gibt den beiden Experten recht, die in Verhörprotokollen, Zeitungsberichten und Geheimakten nach der Wahrheit fahndeten.

»Sein« Bruno Lüdke war demnach unschuldig. Und das quält Adorf heute. Damit hadert er, auch mehr als sechs Jahrzehnte nach dem Film. Ganz so, wie es nun mal seine Art ist. Denn wer außer ihm würde nach so langer Zeit auf die Idee kommen, die Rolle, der er so vieles verdankt, zu hinterfragen? Und nicht nur die Rolle, sondern auch sich selbst. Am liebsten würde er ein Remake drehen, um dem scheinbaren »Teufel«, der angeblich nachts kam, zu spätem Recht zu verhelfen.

Adorf tut es von Herzen leid, dass er dem Ruf des Mannes, der ihm als Schauspieler zum Durchbruch verhalf, mit seiner Darstellung geschadet hat. Als besonders facettenreich lobten ebendiese Darstellung seine Kritiker damals. Und Adorf bekam dafür den Bundesfilmpreis. Es ist genau dieser frühe Triumph, der den alten Herrn von heute so umtreibt und immer wieder beunruhigt. Denn auch dank seines besonders guten Spiels glaubten ganze Generationen von Kinogängern lange, dieser Bruno Lüdke sei ein Verbrecher. Wenn auch einer mit einem menschlichen Antlitz. Adorf hatte indirekt, natürlich ohne es zu wollen, dabei mitgeholfen, dass aus Bruno Lüdke nun der »schlimmste Massenmörder der deutschen Kriminalgeschichte« wurde. Ausgerechnet in der bleiernen Adenauer-Zeit, in der über den wahren schlimmsten Massenmörder der gesamten deutschen Geschichte noch gerne geschwiegen oder hinweggegangen wurde.

Dabei hatte der Regisseur des Films damals eigentlich beste Absichten: Robert Siodmak, der einst selbst vor Hitler flüchten musste und in Hollywood Karriere machte, wollte nun bei seiner Heimkehr nach Deutschland zeigen, wie die Nazis ursprünglich planten, diesen Bruno Lüdke als Propaganda für ihre »Euthanasie-Programme« zu instrumentalisieren, jene rassistischen Massenmorde an Behinderten. Das Reichssicherheitshauptamt wollte den Fall als Vorwand nutzen, um ein sozialrassistisches Gesetz gegen sogenannte »Gemeinschaftsfremde« auf den Weg zu bringen. »Damit wäre es legal geworden, alle unangepassten Deutschen zu verfolgen und sie zu ermorden«, sagt Historiker Doßmann.

Dass »sein« Bruno Lüdke die »Morde« nur aus Verzweiflung gestand, wusste Adorf damals nicht, als er den Bruno Lüdke spielte. Aber vielleicht ahnte er ein wenig davon. »Ich glaube, dass das Böse nicht unmenschlich ist«, sagt er heute. »Und so versuchte ich, diesen Bruno ambivalent und zerbrechlich zu spielen.« Und tatsächlich schimmert etwas Fragiles durch diese grobe Gestalt hindurch, die Adorf im Film darstellt. Adorf gab den Lüdke halb als Bullen, halb als großen Jungen. Und stieg tief ein ins Gemüt dieses Mannes. Für solche Seelen-Expeditionen hatte sich Adorf schon als Student interessiert, wo er in Mainz Philosophie und Psychologie studierte. Aber auch Literatur, Musikgeschichte und Theaterwissenschaften – und Kriminologie. Und nun hatte er sich dementsprechend perfekt vorbereitet auf die Rolle. Gleich einen ganzen Karton von Kriminalakten zum Fall las er damals, fand darunter auch eine Tonbandaufnahme Lüdkes, mit dessen Hilfe er seine Stimme nachahmen konnte, in der so viel Brüchiges und Weiches lag. 1940 wurde Lüdke zwangssterilisiert. Mit all dem – und auch mit seinen Improvisationen am Set – beeindruckte Adorf den Regisseur Siodmak. Bereitwillig ließ der sich sogar darauf ein, dass Adorf in den besten Szenen des Films andere Texte sprach, als im Drehbuch vorgesehen. Die in den Kriminalakten gefundenen nämlich.

Adorf spielte sich also frei vor den strengen Augen des großen Regisseurs, der ihn noch beim Vorsprechen für die Rolle »geröntgt« hatte: »Schauen Sie mal böse, Adorf!«, hatte er ihm befohlen. Was wegen seiner sächsischen Herkunft eher klang wie: »Schauen Sie mal beese, Adorf!« Der gab natürlich sein Bestes, aber Siodmak wollte mehr, wollte es »beeser« und »beeser«. Bis er seine Brille von seiner Nase auf die Stirn schob und ihn mit Schreck einflößenden, schwarzen Augen anstarrte: »Das ist beese!«

Lebensart

Wir sprachen schon über die Zeit in Ihrem Leben, in der Sie hungern mussten. Heute sind Sie ein Genussmensch, Sie verstehen zu genießen …
Ich habe eigentlich etwas gegen den Begriff Genussmensch.

Zu oberflächlich?
Ja. Denn das ist einer, der nur auf den Genuss aus ist.

Dann nennen wir es Lebensart.
Allerdings gehöre ich nicht zu den typischen Genießern, die auch gerne kochen. Ich beurteile zwar eine schlechte oder gute Küche, aber wie man dieses oder jenes zubereitet, ist mir recht egal. Ich nehme das als Produkt wahr, als eine Speise, die mir schmeckt oder nicht. Ich bin also, wenn man so will, ein begrenzter Genießer. Auch beim Wein gilt mein Interesse nicht der Weinkultur und diesem ganzen Gehabe, welche Traube, welcher Abgang. Das beschäftigt mich überhaupt nicht.

Trotzdem trinken Sie gerne edle Weine. Ihr Freund Peter Berling zitierte Sie: »Das Leben ist zu kurz für schlechten Wein.«
Mich interessiert der Geschmack.

Und der ist bei einem teuren Wein immer besser?
Mir kann ein Wein von Rothschild überhaupt nicht schmecken, ein ganz kleiner, einfacher, italienischer Landwein dagegen schon. Ich habe auch keinen Anspruch auf raffiniertes Essen, es sollte einfach nur gut sein. Es sollte *mir* schmecken.

Gibt es bestimmte Speisen, die zu bestimmten Erinnerungen Ihres Lebens gehören? Ein Lieblingsgericht, das Ihre Mutter Ihnen gemacht hat?
Ja, es war immer ein Fest, wenn meine Mutter mir Dampfnudeln machte. Ich glaube, das war mit einer Vanillesoße. Und dann gab es einmal aus der Schwarzschlachtung unseres Hausherrn Dosenfleisch, ein ganz hervorragendes Kalbfleisch. Mitten in den Hungerjahren. Wir haben das genossen. Später, als meine Mutter bei mir in München lebte, wurde sie dann doch recht anspruchsvoll. Sie hatte einen empfindlichen Magen, vertrug vieles sehr schlecht. Also mussten alle Zutaten erstklassig sein. Ich habe sie dann öfter zum Witzigmann ausgeführt. Und sie sagte dann: »Der Witzigmann ist gut, weil der nicht nur gut kocht, sondern weil er gute Produkte verwendet.« Manchmal war es so gut, dass sie sagte, das schmeckte heute so gut wie damals das Büchsenfleisch.

Haben Sie auch Erinnerung an Speisen in den Hungerjahren als Student?
Nein, überhaupt nicht. Was man aß, war ja vorgegeben.

Nur, dass man überhaupt etwas aß, zählte. Ich habe gleich nach dem Abitur meine erste Italienreise gemacht. Ein Jahr später die zweite. Und dann bin ich jedes Semester einmal nach Italien gefahren und habe sofort gemerkt, dass italienische Küche das ist, was mir schmeckt, etwa Pasta in fast jeder Form. Das italienische Essen hat mich schon sehr früh geprägt.

Erinnern Sie sich auch an Gerüche, die die Erinnerung zutage fördern, wenn sie Ihnen wieder begegnen?
Aus den ersten Lebensjahrzehnten sind mir Erinnerungen an Gerüche verblieben, etwa der Geruch des Treppenhauses in Mayen. Ein ganz eigener Geruch, den es nur dort gab. Vielleicht war es der Bohnerwachs.

Das Gestern im Heute

Immer noch male ich mir aus, wer dieser Mann wohl früher einmal gewesen war. Wenn er so im Hier und Jetzt vor einem steht in seinen edlen Hosen und Hemden. Oder wenn er durch seinen Garten wandelt hinter seinem Haus in St. Tropez, dann stelle ich mir vor, wie dieser Mann, den so viel Mondänes und Elegantes umgibt, wohl gelebt haben mag, als er als Kind nichts besaß.

Als wir darüber sprechen, nimmt Adorf mich mit zu seinem Lieblingsstrand, dessen Sand fast schon silbrig in der Sonne glitzert. Und das vor einem Meer, das königsblau glänzt und auf dem ein Dutzend teure Yachten schaukeln. Man steht mit ihm vor diesem Meer und schaut mit ihm gen Horizont. Versucht, die Aussicht zu genießen wie er. Und dabei male ich mir aus, wie dieser Herr da neben mir, dessen weiße Haare im Wind wehen, im Krieg ein zweites Mal davongekommen war. Diesmal war er mit dem Rad auf einer Landstraße unterwegs, als plötzlich ein Tiefflieger auf ihn zuhielt und aus seiner Bordkanone auf ihn feuerte. Der Junge warf sich samt Fahrrad in einen Straßengraben, und so verfehlten die Salven des Tieffliegers ihn. Als er lange Zeit später an der Stelle wieder vorbeikam, sah er zwei inzwischen verrostete Einschusslöcher im Straßenschild.

Aber da waren noch mehr Situationen, seltsam sonderbare Augenblicke, in denen er sich meistens unbewusst für sein Überleben entschied.

Das war etwa der Tag, als ihn ein Unteroffizier kurz vor Kriegsende unbedingt anwerben wollte für die SS. Und ihm wie so vielen anderen Jungs seiner Generation und seines Schlags alles Mögliche versprach, wenn er nur ja sagen würde: besseres Futter, mehr Sold, längeren Urlaub. Und den geheuchelten Stolz und Dank des Vaterlandes. Doch Mario sagte ab. Er wolle lieber zur Marine, beschied er dem Unteroffizier, der wieder und wieder nachhakte und den trotzigen Jungen dann gewähren ließ. Denn Mario träumte von der schicken Uniform mit dem blauen Marinekragen und der tollen weißen Mütze. Und so kam es, dass der Junge in den letzten Kriegstagen weder zur Marine noch zur Waffen-SS musste und ihm jenes Schicksal so vieler Gleichaltriger erspart blieb, in den letzten Wochen noch für »Volk und Führer« zu sterben.

Als wäre das nicht genug an glücklicher Wendung gewesen, bewarb sich der Junge aber eben auch noch an der Nationalpolitischen Erziehungsanstalt Oranienstein. Und nahm eine Woche lang dort auch die härtesten Stationen der Aufnahmeprüfung mit Bravour. Dass er dann dennoch nicht genommen wurde, lag nicht an seinen fehlenden Fertigkeiten, sondern vielmehr daran, dass der halbitalienische Junge den Vorzeigenazis nicht arisch genug war. Und so hatte der »Mischling« wieder einmal Glück. Denn gerade die gestählten und mit Hass und Härte fanatisierten Napola-Schüler wurden im Endkampf verheizt.

Stattdessen ließ man ihm aber gleich noch einmal die Wahl. Sie fragten ihn, ob er lieber zum Schippen an den Westwall abkommandiert werden wolle oder zum »Führerlehrgang« nach Jena. Mario entschied sich für Jena. Fast alle anderen seines Jahrgangs verfrachteten die Nazis mit einem Spaten in der Hand an den Westwall, von dem die meisten nie zurückkehrten. Adorf aber schickten sie nach Hause, auf dass er dort auf seinen Marschbefehl nach Jena warten solle. Der ihn nie erreichte.

Mario Adorf hat den Krieg mit Glück überlebt. Er gehört jener Generation an, die ein Stück von sich selbst in diesem Krieg gelassen hat. Was immer auch aus dieser Generation danach wurde, so ganz frei ist sie nie geworden. Etwas von ihnen ist im Krieg geblieben.

Vielleicht sollte man sich die seelische Situation solcher Männer wie eine Baustelle vorstellen, wie ein frisch freigebaggertes Gelände, auf dem man plötzlich eine Bombe findet. Jahrzehntelang versiegelte die Erde den Schrecken. Bis der Boden eines Tages wieder aufgebrochen wird und mit ihm das Gefühl der Gefahr. So ähnlich muss sich manches im Leben für Adorf anfühlen. Die alte Angst ist begraben wie eine dieser alten rostigen Bomben. Aber irgendwann kommt sie wieder hoch.

Dabei ist Adorf einer der vielen, die ohne einen großen Schatten auf ihrem Gemüt schnell zu Erfolg kamen im Frieden. Und die sogar etwas von dem Durchstandenen verwandelten zu ihren Gunsten. Mario Adorf hat in einigen seiner Bücher beschrieben, wie er nicht nur ganze Tage, sondern auch Wochen zugebracht hatte in den Bunkern seines Heimatstädtchens Mayen. Wie er mit den anderen Menschen – und noch mehr Ratten – dort unten regelrecht gehaust hat. Wie er das Beben der Bomben spürte, wie er das Feuer roch, wie die Angst in ihm zunahm. Und mitten hinein in diese Szenerie fing er an, etwas vorzutragen. Zu spielen. Zu singen. Wunderbar schön: »Mamatschi, schenk mir ein Pferdchen …«

Mit ebendiesem Kinderlied ließ der berüchtigte KZ-Leiter Amon Göth die Kinder in seinem Lager auf Lastwagen karren, um sie ins Verderben zu verfrachten. Göth ließ dafür eine Schellackplatte mit dem »Mamatschi«-Lied von einem Grammophon über die Lager-Lautsprecher erklingen. Um die Schreie der Mütter zu übertönen, die den abfahrenden Lastern mit ihren Kindern hinterherliefen. Die Szene bestätigte mir einer der letzten Überlebenden von »Schindlers Liste«, sie wird auch im Film gezeigt.

Mit genau diesem »Mamatschi«-Lied auf den Lippen bekam Adorf den ersten Applaus seines Lebens.

Er hat solche Szenen aus dem Bunker Jahrzehnte später mit einer geradezu munteren Demut und herzerfrischenden Beiläufigkeit notiert. Als ich dieses Kapitel in seinem Buch »Himmel und Erde« zum ersten Mal vor vielen Jahren las, ging ich beinahe darüber hinweg und erkannte kaum, was diese Momente wohl für ihn wirklich bedeuteten. Erst heute begreife ich: Sie waren ja nichts anderes als seine ersten Theaterpremieren! Sie waren seine Initialzündungen!

Dass dieser Pimpf Mario unterirdisch seinen allerersten, wenn auch nur kleinen Durchbruch als Darsteller erlebte, das hat er selbst viel nüchterner und auch tapferer beschrieben und vielleicht auch empfunden. In meinen Augen aber sind seine ersten Auftritte inmitten des alltäglichen Kriegsleides prägend für sein Leben. Ich glaube, dass Adorf mit der ganzen Kraft seines Spiels ohne seine ersten »Rollen« im Funzellicht und der klammen Kälte des Bunkers nicht auszudenken ist.

Und etwas von diesem Jungen unter der Erde wirkt bis heute fort, wenn er im Scheinwerferglanz steht. Etwas von seiner Unverdrossenheit und Kraft.

Es gibt jemanden, mit dem dieser Junge als alter Mann über diese Zeit gut sprechen konnte. Wobei es eher ums Verstehen als ums Sprechen ging. Und ums Schreiben. Dieser Mann war Günter Grass. Oft sind die beiden sich begegnet, und kurz vor seinem Tod lud Grass Adorf zu sich in sein Haus bei Lübeck.

Grass hat sich sehr früh in seinem Werk mit dem Krieg auseinandergesetzt. Und hat dann doch erst gegen Ende seines Lebens selbst enthüllt, dass es auch einen der Öffentlichkeit unbekannten Günter Grass gegeben hat. Jenen, der sich in den letzten Kriegstagen zur SS gemeldet und der darüber lange geschwiegen hatte.

Es dauerte dann nicht lange, bis herauskam, dass auch andere Vorbildfiguren wie Martin Walser oder

Dieter Hildebrandt ihre Nazi-Parteizugehörigkeit vergessen oder verdrängt hatten. »Dies zu glauben fiel mir nicht leicht. Ich hatte ein funktionierendes Gedächtnis und war der festen Überzeugung, nichts von den Erinnerungen an Erlebnisse während meiner Jugend in der Nazizeit vergessen, erst recht nicht verschwiegen oder gar verdrängt zu haben«, sagt Mario Adorf.

Nun wäre er aber nicht er selbst, würde er nicht versuchen, dieses Dilemma zu reflektieren. Um sich dann in die Gedankenwelten dieser Männer vorzutasten. Fast so, als würde er sie spielen in seinem nächsten Film und dafür ihre Charaktere ergründen. »Das Abstreiten jeder Schuld durch immerhin hochintelligente Menschen wurde so vehement wiederholt und mit Verdrängung erklärt, dass ich mir den Unterschied zwischen Vergessen und Verdrängen klarmachen musste«, erinnert er sich. »Vergessen kann man nicht wollen, es geschieht. Das, was wir vergessen, bleibt im Unterbewusstsein und kann im Zuge des sich Wiedererinnerns oder des von außen angestoßenen Wiederaufrufens ins Bewusstsein zurückkehren. Und sollte in dem Vergessenen ein Schuldgefühl verborgen gewesen sein, so wird sich mit dem Wiedererinnern auch das Schuldbewusstsein wieder einstellen«, dachte er weiter.

Und wand sich Gedanke um Gedanke weiter und tiefer in die Köpfe seiner fast gleichaltrigen »Kollegen«. Er grübelte, wie deren Verdrängen zu erklären sei. Mario Adorf denkt, »dass das Verdrängen die radikalste und gelungenste Form des Vergessens ist«. Und dann dachte er an den von ihm bewunderten Günter Grass. »Bei ihm ging es gar nicht um Vergessen oder Verdrängen, sondern um das Verschweigen. Und was ihm besonders angelastet wurde, war, dass er seine Zugehörigkeit zur Waffen-SS bis ins hohe Alter verschwieg. Ich glaube, er hat dies mit der Scham, die er am Kriegsende empfand, erklärt, dass er den richtigen Augenblick für ein Geständnis verpasst habe, dass dieser mit den Jahren immer schwieriger zu finden wurde und dass er lange mit der Formulierung des Geständnisses gerungen habe.«

Die Presse, vor allem jene, die noch einige Rechnungen offen hatte mit Grass und nun hoffte, sie endlich begleichen zu können, war da natürlich schon längst weiter. Und sprach Grass, der sich angeblich »zum politischen Gewissen der Bundesrepublik aufgeschwungen hatte«, die Lauterkeit seines politischen Engagements ab. Er hätte wissen müssen, was es bedeutete, mit 16 Jahren den Fehler, in die Waffen-SS eingetreten zu sein, später nicht erkannt zu haben, während – so die Argumentation seiner Gegner – zum Beispiel die Geschwister Scholl sogar schon im fast gleichen Alter durch ihren aktiven Widerstand gegen Hitler ihr Leben aufs Spiel gesetzt und dieses verloren hätten.

Adorf sagt heute: »Genau hier sind nun in der Einschätzung von Schuld und Verantwortung große Fehler gemacht worden, die sich aus der mangelnden Kenntnis der damaligen Zeit erklären. Damals galt für den noch ahnungslosen Zeitgenossen wie Grass – und auch mich – die Waffen-SS noch nicht als eine Verbrecherbande, sondern als eine Eliteeinheit.« Was zudem in der Beurteilung einer Schuld meistens vergessen wurde, so Adorf, war die Bedeutung des familiären Umfelds. Es bestand ein großer Unterschied zwischen einem Jugendlichen, der etwa in einem politisch aufgeklärten Haushalt aufgewachsen war, und jemandem wie Grass, dessen Vater ein kleiner Nazi war.

»Ich kannte Günter Grass gut«, erinnert sich Adorf an die Dreharbeiten zur »Blechtrommel«. »Er kam anfangs einige Male zum Drehort. Er gab uns, wie mir schien, außerordentlich brauchbare Hinweise.« Grass sprach von den durch die Bank negativen Figuren seines Buches, die jedoch, jede für sich, an einem bestimmten Zeitpunkt einen positiven, ja heldischen Augenblick hätten, der sie menschlich, verständlich und interessant mache. Er erklärte Daniel Olbrychski, dem polnischen Darsteller des Jan Bronski, des geliebten Cousins der Agnes, dass für seine Figur jener Moment der wäre, in dem er kurz vor seiner Erschießung seiner geliebten Freundin die in seiner Hand verborgene Spielkarte, die Herzdame, zeigt. Und in der Tat war dieser Augenblick einer der ergreifendsten und stärksten im ganzen Film.

»Zu mir sagte Grass, dass Alfred Matzeraths einziger großer Moment der sei, als zwei Beamte des Gesundheitsministeriums in seinen Kolonialwarenladen kommen, wo er den kleinen Oskar im Keller versteckt hält, und diesen in eine Anstalt für Krüppel und Geisteskranke einsperren wollen.« Mit unerwartet todesverachtendem Mut tritt dieser Alfred Matzerath, der Hahnrei und Nazi-Mitläufer, den beiden entgegen und schreit ihnen ins Gesicht, er sei »der Vater von dem Kind«, wobei er selbst weiß, dass er gar nicht der Vater Oskars ist. Er lasse nicht zu, dass sein Sohn in ein solches Heim komme. »Dieser einzige heldische Moment des Matzerath war dann zu meinem großen Bedauern in der ersten Fassung des Films der Schere zum Opfer gefallen und erst Jahrzehnte später in Schlöndorffs Director's Cut wieder eingefügt.«

Fast drei Jahrzehnte nach der Kinopremiere der »Blechtrommel« war es dann so weit, und ein Stück seiner eigenen Vergangenheit holte ausgerechnet den Mann ein, der immer dafür gekämpft hatte, sie nicht ruhen zu lassen. Das war die Zeit, in der Mario Adorf Grass einen langen Brief schrieb.

Udaipur, Rajasthan, 09.10.2007

Lieber Günter,

… ich habe in der gerade vergangenen Ferienzeit endlich Dein Buch »Beim Häuten der Zwiebel« lesen können. Es hat mich tiefer berührt, als Du denken könntest. Ich hinke Dir altersmäßig zwar drei Jahre hinterher, aber wir haben viele Erfahrungen, die vor allem die Kriegs- und Nachkriegszeit betreffen, auf ähnliche Weise gemacht, wenn die meinen auch weniger dramatisch, weniger gefährlich, aber doch so ähnlich waren, dass sie für mich die einschneidendsten meines Lebens geblieben sind: Todesangst und Hunger. Die Bomben-

nächte im Luftschutzkeller, die Tieffliegerangriffe. Und dann das Trauma der Niederlage, der Enttäuschung und der Scham, denn auch ich war einer von denen, die nicht wussten. Ich habe während der Wochen nach Erscheinen Deines Buches und der Welle der Beleidigungen, die sich über Dich ergoss, mein Verständnis für Dich, auch öffentlich, kundgetan. Nicht alles wurde gedruckt, so nicht in der Bild-Zeitung mein Satz, ich sei sicher, dass auch »über diese Geschichte Grass wachsen« werde. Und das ist inzwischen schon der Fall.
Es gibt für mich erstaunlich viele Berührungspunkte in der Geschichte Deiner Jugend. Ich selbst war am 20. Juli 44, nicht einmal ganz 14-jährig, in einem Lehrgang an einer Führerschule in Hermeskeil, und nach der Nachricht vom gescheiterten Attentat auf Hitler gehörte ich zu den 52 von 53, die auf die Aufforderung des Schulleiters, einem einbeinigen Veteranen, ohne Zögern die Hand hoben: »… aber die Vorsehung hat unseren geliebten Führer Adolf Hitler gerettet, und so schlage ich vor, dass wir unserem geliebten Führer Adolf Hitler eine Freude machen, indem sich der gesamte Lehrgang der Führerschule Erich Niejahr freiwillig zum Dienst an der Waffe meldet. Wer ist dafür? Hände hoch!« – »Gegenprobe!«: Eine Hand hob sich zögernd. Nicht die meine. »Aber Schäfer, warum denn nicht?« – »Da muss ich meinen Vater fragen.« Gelächter, Schäfer, ausgerechnet aus meiner Stadt, und später so etwas wie Besorgnis: Schäfers Vater war ein Sozi, dem wird was passieren! Ist aber nicht.
Noch am selben Abend wurde ein Tisch aufgestellt, ein

Unteroffizier nahm die Freiwilligenmeldung zu Protokoll. Ich war alphabetisch der Erste. Nach Name, Geburtsdatum, Adresse die Frage nach der gewünschten Waffengattung: »Marine!«, sagte ich entschlossen (so wie Du, erinnere ich, U-Boot-Waffe sagtest). »Marine?«, fragte der Unteroffizier gutmütig. »Aber Junge, Marine, die jibt's doch gar nich mehr. Wenn du dich zur Marine meldest, kommst du automatisch zur Infanterie, und das ist ein Scheißverein. Melde dich lieber gleich zur Waffen-SS, dann bist du bei einer guten Truppe, mit besserem Futter, mehr Sold und längerem Urlaub.« – Hier hätte ich nun genauso gut (wie Du) Waffen-SS sagen können, und es war sicher keine tiefere Einsicht, sondern der kindliche Eigensinn zugunsten des romantischen Schwärmens für ein Leben zur See. Ich blieb bei »Marine!« Der Unteroffizier hob die Achseln und schrieb »Marine«, während er berlinernd murmelte: »Ick habe dir jewarnt!«

Auch hatte ich wie Du Deinen Gefreiten als Lebensretter, einen alten Unteroffizier, der den Volkssturm befehligte und unter dessen Kommando ich an meinem letzten Kriegstag mit zwei Panzerfäusten über der Schulter an einer Panzersperre auf amerikanische Panzer schießen sollte (ich hätte es getan!), der uns aber vorher befahl, die Waffen vorsichtig in die Büsche zu legen und uns mit einem »Der Krieg ist für uns aus, zieht die Uniformen aus und ihr, Jungs: ab nach Hause zu Mutti« entließ.

Mich hat die Ehrlichkeit in der Darstellung Deiner Ängste tief gerührt und überzeugt. Diejenigen, die damals über Dich hergefallen sind, hatten ganz sicher

Dein Buch nicht gelesen. Vor allem, mit welcher eingestandenen Unsicherheit, welchen tiefen Zweifeln Du Dich Deiner Wahrheit zu nähern versuchst, ich selbst nannte es Ambivalenz, das Nichteindeutige: War es so oder war es vielmehr so?, auch ich war nicht eindeutig *für* etwas, aber gewiss nicht eindeutig *dagegen,* und ich glaube fest, dass beide Haltungen, die sich scheinbar ausschließen, zumindest im unreifen Alter, durchaus nebeneinander bestehen können …

Auch ich habe in meinem Gedächtnis unauslöschlich endgelagert das, was ich mit Gehirnschrott bezeichnet habe, der allerdings heute noch ungerufen gesummt oder gesungen an die Oberfläche steigt: die unsäglichen Lieder jener dunklen Nacht, die angeblich vorbei war, Lieder, die wir gedankenlos schmetterten. Da sind nicht nur die zitternden morschen Knochen, da melden sich Lumpen, Flaschen, Eisen und Papier, ausgeschlagene Zähne sammeln wir, da rollen Panzer in Afrika vor, da fallen Bomben auf Engelland, ja, da ziehen sogar krumme Juden durchs Rote Meer …

Da ist die Beschreibung Deiner ersten Italienreise. Wir hätten uns damals begegnen können, denn auch ich unternahm im Herbst '50 meine erste Reise nach Italien. Damals sah ich sie noch als die Suche nach meinem italienischen Vater in Kalabrien, erst später erkannte ich, dass sie wie alle späteren Italienreisen die eher typisch deutschen Bildungsreisen des Kunst- und Philosophiestudenten waren. Für mich war die wichtigste künstlerische Begegnung nicht die mit dem David, sondern die mit den Sklaven des Michelangelo.

Auch in Paris hatte ich, mit Dir gleichzeitig, ähnliche Erfahrungen gemacht, erste Übernachtungen in der Jugendherberge, dann ein kleines Zimmer in einer großen Wohnung im Quartier Latin am Ende des langen Flurs, den man »les pas perdus« nennt …
Auch meine Frau Monique stammt aus einem »Dreimäderlhaus« …
Das lange Sterben Deiner Mutter …
Dann die Beschreibung Deiner frühen Freunde, den meinen nicht ganz unähnlich, aber ihnen wird niemand ein so schönes Denkmal setzen …
Auch Deine beiden unglaublichen Geschichten vom Kumpel Joseph und von Satchmo werden durch Deinen eigenen Zweifel am glaubwürdigsten.
Und, und, und …
Entschuldige die Anmaßung, meine harmlosen Geschichten mit Dir und Deinem Leben in Verbindung gebracht zu haben, aber ich glaube, dass sehr oft nicht das Unbekannte, das Neue seiner Themen, das Außerordentliche bei einem Schriftsteller unsere Zuneigung, unsere Bewunderung auslösen, sondern das uns bis dahin unentdeckt Bekannte, das uns irgendwie ähnlich Anmutende, die unerwartete Nähe, nicht die olympische Distanz; beim Dichter dasjenige in Worte gesetzt zu sehen, das der Leser schon einmal verschwommen gedacht, gefühlt oder gar erlebt zu haben glaubt …
Aber allein der Alfred Matzerath der »Blechtrommel«, den ich spielen durfte, hat mir doch eine tatsächliche, bleibende Verbindung mit Dir geschenkt, für die

ich Dir dankbar bin und auf die ich immer stolz sein werde.

Mit herzlichen Wünschen zum Geburtstag und darüber hinaus!
Auch liebe Grüße an Deine Ute!

Mario

Das letzte Mal

Sie haben vor nicht langer Zeit einige Ihrer Gedanken aufgeschrieben – unter der Überschrift »Das letzte Mal« …
Ja, da saß ich im Flugzeug und merkte, dass ich vergessen hatte, mir zum Zeitvertreib ein Buch oder ein Sudokuheft aus dem auf der Ablage verstauten Handgepäck zu holen. Aber noch mal aufstehen wollte ich allein schon deswegen nicht, um die dicke Dame neben mir nicht hochscheuchen zu müssen. Also gut, dachte ich dann, ich werde versuchen zu schlafen. Ich kippte den Sitz nach hinten und schloss die Augen, aber der Schlummer wollte sich nicht einstellen. So ertappte ich mich beim Denken …

Und dann notierten Sie später ein paar Zeilen …
Ja, diese hier:

> Der erste Gedanke war: Es ist schönes Wetter, also keine Aussicht darauf, dass etwas Besonderes geschehen könnte. Es wird also kaum das letzte Mal sein, dass ich den Flug heil überstehe. Aber der Gedanke an ›das letzte Mal‹ ließ mich nicht los. In der letzten Zeit musste ich diesen Gedanken immer wieder denken. Ist es eine Frage, die sich nur alte Menschen stellen? Bei vielen

Anlässen stellt sie sich ein: Es könnte doch das letzte Mal sein, dass ich dies oder jenes erlebe, es bald nicht mehr sehen, nicht mehr genießen, nicht mehr erleben kann. Ich kenne viele Menschen, die diesen Gedanken angstvoll von sich wegschieben, ihn nicht denken wollen. Ja nicht an das Letzte, an das Ende denken, lieber so weiterleben wie bisher, als lebte man ewig, als wäre man unsterblich. Beim Gedanken an das letzte Mal erinnerte ich mich an den berühmten Roman des italienischen Schriftstellers Italo Svevo ›La Coscienza di Zeno‹. Der Held des Romans versucht, sich das Rauchen abzugewöhnen, und schreibt jeweils in sein Tagebuch: ›u. s.‹ für ›ultima sigaretta‹, also ›letzte Zigarette!‹. Obwohl ihm das Vorhaben misslingt, wird jede letzte Zigarette zu einem besonderen Genuss, der größer ist als das Eingeständnis des Versagens: ›Ich denke, dass die Zigarette einen intensiveren Geschmack besitzt, wenn es die letzte ist‹.

Und dann kamen Sie bei diesen Gedanken auf Ihre vielen Reisen nach Capri. Lesen Sie doch noch weiter bitte …

Ich war sicher mehr als zwanzigmal in meinem Leben auf Capri. Und beim letzten Mal, als ich dort war, dachte ich: Das ist sicher das letzte Mal, dass ich hierherkomme, und daher genoss ich diesen letzten Aufenthalt sehr viel mehr, sehr viel bewusster als die früheren Male, wenn ich beim Abschied der Insel leichtfertig den Rücken kehrte, weil ich sicher sein konnte: Im nächsten Jahr komme ich ja wieder, oder im übernächsten. Dieser

Gedanke ›Das letzte Mal‹ gibt dem Augenblick, an dem er gedacht wird, etwas Besonderes. Wenn wir zum Beispiel einen Menschen sehr gut kannten, behalten wir, wenn er nicht mehr lebt, einen Augenblick als besonders im Gedächtnis, wenn wir sagen: Das letzte Mal, als ich ihn gesehen habe, war … Und so hat für mich der Gedanke: ›Das letzte Mal‹ überhaupt nichts Trauriges, sondern es befriedigt mich sogar, diesen Augenblick bewusst zu empfinden. Wehmütig mag er zuweilen sein, aber auf keinen Fall angstvoll oder deprimierend.

Schauen Sie nun bei diesen Augenblicken genauer hin?
Für mich ist es eher eine Gedankenbeschäftigung, eine Gedankenübung, wenn man so will. Und vielleicht ist es eine berufliche Deformation, dass der Schauspieler sich sein Leben lang intensiver beobachtet als der Durchschnittsmensch. Jedenfalls empfinde ich das Älterwerden weniger dramatisch, wenn ich es unablässig an mir und anderen beobachte und analysiere.

Und wie nehmen Sie das genau wahr?
Gewiss nicht mit dieser weit verbreiteten Seniorenheiterkeit: Wie schön ist das Alter! Es gibt keine Überzeugung, die mir helfen kann. Es ist die vage Hoffnung, dass mir die schlimmsten Prüfungen, eine schwere Krankheit etwa, erspart bleiben mögen. Und wenn dem nicht so sein soll, dann übe ich mich im Voraus darin, nicht zu fragen: Warum ausgerechnet ich? Sondern: Warum ausgerechnet ich nicht?

Und wie weit fortgeschritten sind Sie bei diesem Üben?
Na ja, man kann sich natürlich sagen, dass man sein Leben weitgehend einfach nur lebt. Und nicht mit täglicher – was ja christlich wäre – Dankbarkeit. Dass ich morgens aufwache und dem lieben Gott Danke dafür sage, wenn ich an ihn glauben würde, dass er mir noch einen Tag schenkt von diesem Leben. Diese große Wertschätzung habe ich dem Leben nicht gegeben. Also ist es sicher auch eine Altersfrage, dass man bei einigen Dinge denkt, Moment, vielleicht wirst du das nicht noch einmal erleben oder tun oder sehen.

Wenn Sie wüssten, die Zeit würde ab jetzt knapp und Sie würden krank werden, gäbe es dann noch so etwas wie letzte Wünsche? Sie haben sich ja die meisten im Leben erfüllt.
Nein, ich habe in dem Sinne keine Wünsche. Was soll ich mir noch wünschen? Der einzige Wunsch ist, wie gesagt, ohne großes Leiden weggehen zu können. Das wäre das Einzige. Aber sonst, irgendwelche Wünsche, Versäumnisse? Was ich versäumt habe, was man noch gutmachen könnte? Habe ich auch nicht. Wenn es Versäumnisse gab, na gut, die habe ich dann begangen und nicht wiedergutgemacht. Das kann man dann auch nicht mehr ändern.

Zum Ende dieses Kapitels würd ich Sie bitten, noch den letzten Text vorzulesen, den Sie vor kurzem aufgeschrieben haben zu diesem Thema …

Von Geburt an wird man älter, das ist natürlich,
Von einem unbestimmten Alter an altert man, das ist bitter.
Von manchen Menschen sagt man, dass sie gar nicht älter werden. Klar, weil sie sterben.
Es ist ein schlimmer Gemeinplatz zu sagen, dass man sich – oft sogar um Jahrzehnte – jünger fühlt als man ist. Das heißt, dass man sich – oft also jahrzehntelang – belügt.
Ich glaube, es schützt einen vor schlimmen Überraschungen, wenn man sich genauso alt fühlt, wie man ist.
Die kleinen Alters-Zipperlein erträgt man lächelnd.
Man wartet auf eine schwere Krankheit und weiß:
Dann gibt es nichts mehr zu lachen.
Wer versucht nicht, sich den Tod zum Freund zu machen. Wenn man glaubt, es sei einem fast gelungen, welche Enttäuschung!
Ein Leben lang sagen wir uns immer wieder, dass wir sterben werden. Erst wenn es fast so weit ist, merken wir, dass wir uns ein Leben lang für unsterblich hielten.
Da gibt es diesen Begriff »ein Leben führen«. Habe ich ein Leben, mein Leben geführt? Hat mich nicht vielmehr das Leben geführt?
Ich habe mich treiben lassen, war aber nie ein Getriebener.

Ich habe vieles für selbstverständlich angenommen, ohne es wirklich verstanden zu haben.
Ich habe oft davon gesprochen, dass ich keinen Lebensplan hatte, keinen Traumberufswunsch, sondern dass sich bestenfalls vieles in meinem Leben »gefügt« hat.

Frei von Neid

Sie haben mir vor kurzem etwas Erstaunliches erzählt – dass Sie eigentlich den Hitler-Tagebuchfälscher Konrad Kujau in Helmut Dietls »Schtonk« hätten spielen sollen! Dann wäre es beinahe zu einem besonderen Duo gekommen: George und Adorf in »der« deutschen Top-Komödie. Wieso ist das damals trotzdem schiefgegangen?

Dietl hatte mir die Rolle des Konrad Kujau angeboten, im Film Fritz Knobel. Kurz zuvor hatte ich im Theater den Arturo Ui gespielt. Und es hatte sich wohl ein bisschen rumgesprochen, dass ich den Hitler, der ja von Brecht mit Arturo Ui gemeint war, vor allen Dingen auch sprachlich gut draufhatte. Irgendwie kam er dann auf die Idee, mich für diesen Kujau zu besetzen. Ich war bei Dietl in seinem Haus in Südfrankreich, und wir haben am Drehbuch gearbeitet. Ich bilde mir sogar ein, den Titel gefunden zu haben. Mit dem Wort »Schtonk« hatte ja Charlie Chaplin Hitler persifliert. Jedenfalls hab ich mich gefreut auf den Film, nachdem wir ja »Kir Royal« gemacht hatten. Und dann kriege ich einen Brief mit dem Inhalt: Lieber Mario, ich muss dir leider wieder absagen. Ich brauche wegen einer Figur eines jungen Mädchens einen Verlobten, und da stimmst du im Alter nicht. Du bist zu alt. Vier Zeilen, und dann hat er Ochsenknecht besetzt.

Ich war gekränkt, weil ich ausnahmsweise ziemlich sicher war, was ich aus dieser Rolle hätte machen können – einen sehr glaubhaften Hitler. Ich habe den Film dann bei der Premiere gesehen und habe Dietl beim Rausgehen gesagt: »Helmut, tut mir leid, du hast einen Götz-George-Film gemacht, keinen Dietl-Film!«

Was meinten Sie damit?
Das war natürlich überspitzt und beleidigt ausgedrückt. »Schtonk« war mir zu sehr auf George zugeschnitten. Es hätte ein ganz anderes Gleichgewicht geben können. Wir haben uns dann jahrelang gemieden. Bis zu »Rossini«. Da hat er mich dann angesprochen und geschmeichelt: »Mario, das kannst nur du spielen, diesen Italiener da.« So haben wir uns wieder zusammengerauft. Auch danach. Er wollte ja diese »Kir Royal«-Fortsetzung in Berlin machen und hat lange mit mir darüber geredet.

Aber auch das überlegte er sich anders. Womit wir bei einem typischen Branchen-Thema sind: Die Schauspieler-Wirklichkeit in Deutschland. Die Realität Ihrer Kollegen sieht düster aus, um es mal gelinde zu sagen.
Ich kann das nicht beurteilen. Ich sehe nur, wie viele Schauspieler letzten Endes große Rollen im Fernsehen spielen, wo jeden Monat ein neues Pärchen von Kommissaren auftaucht.

Das schon. Aber viele Ihrer Kollegen krebsen doch sehr herum.
Das kriege ich nicht so mit.

Sie kennen doch die Antwort auf die Talkshow-Frage: »Was machen Sie denn als Nächstes?« »Oh, ich habe da ein sehr interessantes Projekt, da kann ich im Moment noch nicht drüber sprechen. Da darf ich auch noch gar nicht drüber sprechen …« In Wahrheit haben die meisten nichts vor.
Ja, schon, aber wenn sie in Talkshows auftauchen, dann haben sie ja gerade irgendwas gemacht, sonst würden sie ja nicht eingeladen …

Aber die wenigsten haben ein Anschluss-Engagement.
Na ja, ich habe das auch hinter mir. Ich habe es z. B. in Amerika erlebt, wo ich mich für kurze Zeit aufgehalten habe. Man merkt ja erst da drüben, dass es von denen, die wie du aussehen, hundert gibt. Und von diesen Hundert gibt es zehn, die durchaus gut ausgebildet sind, vielleicht sogar besser ausgebildet als man selber. Und die die richtige Sprache sprechen. Warum werden überhaupt hier und da Deutsche genommen? Weil sie Schönheitspflästerchen sind für die Amerikaner, um die Filme auch in Deutschland verkaufen zu können.

Das erinnert mich an Volker Schlöndorffs Satz, den er bei der Party nach Ihrer Oscar-Verleihung für »Die Blech-

trommel« sagte: »Wir haben in diesem Land nichts verloren.«
Ja, auch wenn er den Satz heute bestreitet.

Aber Sie waren dabei?
Ich war dabei, und ich habe vor nicht allzu langer Zeit noch mal mit ihm drüber gesprochen. Er meinte, er hätte das damals nur in Bezug auf den Academy-Award-Klüngel gesagt, auf die Chargen in der Akademie, die da das Sagen haben, also mehr in dem Sinne: »Die haben nicht auf uns gewartet.«

Wozu gibt es so viel von diesen Energieräubern in Ihrer Branche? Ich denke da auch an den vielen Neid.
Es gibt in diesem Beruf ein großes Potenzial von Ehrgeiz. Der muss auch irgendwo da sein, damit die Leute weiterkommen. Aber Ehrgeiz hat eine Nebenwirkung. Ehrgeiz schafft Neid. Genauer gesagt: Unerfüllter Ehrgeiz wird zu Neid.

Interessanter Gedanke. Was hat der mit Ihnen zu tun?
Das kommt mir gerade so in den Sinn. Mein Ehrgeiz war immer unterentwickelt. Manchmal sogar sträflich unterentwickelt. Warum? Weil ich ihn nicht einsetzen musste. Es kam sehr vieles von selber. Ehrgeiz ist ja ein Wollen von etwas, was man sich zutraut, und wenn es dann enttäuscht wird, fangen die Fragen an. Dann rätselt man, warum hat mein Ehrgeiz nicht gesiegt? Warum habe ich das nicht geschafft? Und dann kommt

der Vergleich: Der aber hat es geschafft! Wieso hat der es geschafft? Ist der besser als ich? Ich habe dieses Spiel nie mitgemacht. Ich konnte nie einsehen, nicht nur im Sport, dass man unbedingt höher springen oder schneller laufen muss als andere.

Dann kommen wir von den großen Kollegen mal zu den kleinen. Was würden Sie sagen, wenn ein junger und talentierter Kollege Sie fragen würde, ob Sie ihm einen Rat geben können für Erfolg?
Wahrscheinlich wäre ich da überfragt. Ich bin eigentlich von solchen Fragen eher verschont geblieben.

Aber könnten Sie es für sich selbst formulieren? Könnten Sie den Grund für Ihren Erfolg skizzieren? Oder möchten Sie das gar nicht?
Eher nein. Manchmal klagen junge Schauspieler, dass nach einem großen Erfolg nichts Neues kommt. Das ist auch mir schon passiert. Ich habe es einmal so ausgedrückt: In Deutschland ist nichts so folgenlos wie der Erfolg.

Wie kommt das?
In Amerika oder auch in Frankreich wird man auf ein junges Talent aufmerksam und sagt sich: »Damit müssen wir jetzt was anfangen!« In Deutschland fragt man sich nach einem großen Erfolg: »Eijeijei, was soll man jetzt nur mit ihm machen? Jetzt wird er oder sie bestimmt teuer.«

Die Deutschen neigen dazu, ihre Helden, die sie aufbauen, beizeiten wieder zu Boden zu reißen. Was begeistert Sie denn an einem jungen Talent? Was muss es können?
Das ist schwer zu sagen. Ich denke z. B. jetzt an Jan Josef Liefers, den ich in »Rossini« kennenlernte und beobachtete. Er war damals ja völlig unbekannt. Aber mir war sofort klar: »Der ist gut!« Der hatte was von dem jungen Jack Lemmon.

Mir fällt auf, dass Sie nicht kategorisieren. Sie sagen nicht, was Ihnen genau gefällt an bestimmten Kollegen, welche Eigenschaften oder welche Fertigkeiten sie haben müssen. Wie sie zu sein haben. Ich höre heraus, dass es nach wie vor ein Geheimnis ist, was die Leute – und selbst Sie als Profi – anspricht.
Ich habe mich auch immer geweigert, bei mir selber danach zu suchen. Es gab mal einen guten Bekannten, der Psychiater geworden ist. Der hatte damals mit mir in Mainz studiert, und als wir uns mal wiedersahen, sagte er: »Mario, ich möchte dich gerne analysieren. Du glaubst ja nicht, was da rauskäme! Was bei dir da alles ist und was du gar nicht weißt!« Ich habe ihm geantwortet: »Mein Lieber, das machen wir nicht, denn genau das will ich eben nicht nicht!« »Warum nicht?«, fragte er. Und ich: »Wenn ich wüsste, warum ich jetzt Leuten gefalle, wenn ich dieses oder jenes tue oder so und so dreinschaue oder mich so und so verhalte, dann würde das ja bedeuten, dass ich das genauso einsetzen und nutzen könnte.« Und das würde dann zur Routine werden.

Ich könnte dann z. B. sagen, warum soll ich etwas Neues erfinden, wenn ich weiß, dass ich mit dem und dem den sicheren Erfolg habe? Ich will aber nicht Erfolg mit immer demselben haben. Es gibt Kollegen, die spielen ein Stück 400-mal auf dieselbe Weise und freuen sich. Ich würde mich langweilen. Der Kollege spielt zwar jeden Abend Theater, und das sicher gut. Aber er macht immer dasselbe. Und die Leute lachen genau an derselben Stelle. Das war jahrelang auch das Prinzip von Heinz Rühmann – immer sich selber zu wiederholen. Also seine Macken. Bis er sich dann eines Tages als älterer Schauspieler sagte: »Das kann es doch nicht gewesen sein. Ich bin doch nicht nur dieser Komiker. Ich fühle doch ganz andere Dinge in mir. Ich möchte ein wirklicher Schauspieler sein.« Dann spielte er immerhin den Estragon in »Warten auf Godot« und den »Hausmeister« von Harold Pinter am Theater.

Sie sprachen grad von Ihrer Unlust, sich im Spiel zu wiederholen. Deswegen haben Sie auch nie Serienrollen angenommen?

Nie! Eine Figur 100- oder 1000-mal zu spielen, hätte mich gelangweilt. Man hat mir allerdings auch kaum solche Rollen angeboten. Wahrscheinlich, weil ich auch gewisse Voraussetzungen nicht so erfüllte. Ich weiß, was man da von einem Schauspieler verlangt. Seine Vielseitigkeit aufzugeben.

Die Adorf-Ambivalenzen

Mario Adorf ist ein ambivalenter Mensch. Nach dem Duden bedeutet das beinahe nur Ungutes. Nämlich: »Zwiespältigkeit; Spannungszustand; Zerrissenheit [der Gefühle und Bestrebungen]«. Bei Wikipedia steht sogar, Ambivalenz sei eine »seelische Zerrissenheit«.

Also muss man das Wort für einen wie ihn anscheinend neu definieren. Denn in seiner Ambivalenz stecken kaum ein Zwiespalt, noch weniger eine Zerrissenheit, eher ein großer Teil seiner Vielschichtigkeit. Ein Schlüssel zu seiner seelischen Schatzkiste – zu seinem Reichtum als Schauspieler.

Und damit es sich auch lohnt, birgt er ein ganzes Arsenal an Ambivalenzen in sich. Sie alle haben sich entladen in seinen Hunderten von Rollen. Er braucht sie, um alles, was in ihm ist, in diese Rollen zu legen. Seine Kraft, in sie abzuzweigen. Unmöglich für ihn, nur er selbst zu sein. Er muss immer auch die anderen geben.

Um sich am Ende vielleicht selbst zu finden? Er mag sich selbst ganz gern ein bisschen unergründlich. Und sein Publikum ja erst recht.

Denn der Mann, der so vieles und so viele verkörperte, ist bei allen Ambivalenzen und allem Unergründlichen immer der eine geblieben.

Konstantin Wecker, den Adorf schätzt, singt in einem seiner schönsten Lieder: »Und so teil ich mich, ihr Lieben, und bleib immerfort der eine.« Wobei, zerteilt schien dieser Adorf nur in manchen seiner Rollen. Privat dafür kaum. Ganz im Gegenteil. Ausgerechnet jener Mann, der sich in Hunderte Rollen versetzte, blieb aus einem Holz geschnitzt. Aber dieses Holz birgt so viele Jahresringe wie ein alter Baum in sich.

Und: Er hat diese Nuancen immer zugelassen und sich gestattet. Nie im Leben wäre er auf die Idee gekommen, sich eine von ihnen zu verkneifen oder sie gar zu ändern. Es ist diese Entschlossenheit, dieses Auf-eine-Karte-Setzen, was die Leute in den Bann schlägt. Gerade in Zeiten, in denen so mancher aufgefordert wird oder sich sogar vorstellen mag, »noch mal was ganz anderes zu beginnen«. Da tun Adorfs Geradlinigkeit und Festigkeit gut. Oder wie Marios spezieller Freund Udo Lindenberg singt, der ebenfalls ein Experte für Unverwechselbarkeit ist:

»Und ich werde mich nicht ändern, werd' kein anderer mehr sein. Ich habe tausend Pläne, aber ein Plan B hab ich keinen. Ich werde mich nicht ändern, werd' kein anderer mehr sein. Weil's wirklich ganz schön geil ist, einfach nur ich zu sein.«

Vielfalt als Einheit, als Identitätsverstärker. Die Sehnsucht nach einem echten Typen, einem Original, einem Unangepassten macht einen wie ihn in dieser oft so verwechselbaren und sich wild verändernden Zeit wertvoller denn je.

Adorf selbst hat das Wort »Ambivalenz« schon einmal neu bewertet. In seinem Buch »Himmel und Erde« schreibt er: »Wir neigen dazu, dass wir von uns und anderen verlangen, eindeutig zu sein.« Dabei, so gesteht er, fiel es ihm »immer schwer, glaubhaft zu machen, dass ich das eine, aber gleichzeitig auch das andere sein konnte, ohne mich deswegen als unaufrichtig oder unentschieden zu sehen.«

Vielleicht ist auch das eines seiner schauspielerischen Alleinstellungsmerkmale. Niemand anderes fußt mit seinem Wesen so sehr am Boden, steht dort fest und wirkt derart gravitätisch geerdet wie er. Und hinterlässt dennoch bei seinen Zuschauern in seinen Schauspieler-Sternstunden ein Schweben. Erzeugt ein Gefühl von Leichtigkeit.

Und so ist er nicht bloß ein Schauspieler. Er ist ein Menschenspieler.

»Mario und der Zauberer« heißt eine Novelle von Thomas Mann. Wenn man das »und« in diesem Titel weglässt und durch ein Komma ersetzt, beschreibt man M. A.'s Wirkung ziemlich gut.

Schon sein Name gibt hier einen Hinweis: Denn »Mario«, das steht für alles italienisch Leichte und Lebensfrohe. Das klingt auch etwas verspielt. Nicht umsonst heißt die »Super Mario«-Figur aus dem Computerspiel so. Und es hört sich dennoch maskulin an. »Mario« ist das italienische Wort für »Marius« und stammt entweder vom römischen Kriegsgott Mars oder vom lateinischen *mas, maris*. Und das bedeutet: »männlich«.

Und nun folgt auf diesen südlichen und so melodiösen »Mario« ein »Adorf«. Ein sehr deutsch klingender Nachname. Mit dem Schwerpunkt auf Dorf. Nicht nur in diesem Wort steckt ein gutes Stück deutscher Seele verborgen.

Adorfs Ambivalenz liegt also eigentlich schon in seinem Namen begründet.

Es heißt, dass die Italiener Deutschland achten, es aber nicht lieben. Und es heißt, dass die Deutschen Italien lieben, es aber nicht achten. Vielleicht fügt Mario Adorf diese Gegensätzlichkeit in seiner Person wieder etwas zusammen. Bewusst oder unbewusst?

Es war Helmut Schmidt, der mal eingestanden hatte, dass ein guter Politiker auch ein guter Schauspieler sein müsse. Helmut Schmidt war bekanntermaßen ein sehr guter Politiker und daher auch ein sehr guter Schauspieler. Und gerade in seinen letzten Jahren hatten seine Auftritte durchaus Ähnlichkeiten mit jenen von Adorf. Da lag dieses Gewicht in den Worten und in der Stimme. Sogar das Überparteiliche und das Elegante.

Da waren diese beinah schon eingemeißelte Mimik und das noch gemeißeltere Profil. Da war dieses Respekteinflößende und Souveräne in ihren Auftritten. Auf zwei wie Schmidt und Adorf konnten und mochten sich die Deutschen einigen.

Durchaus hart ist Mario Adorf gelegentlich zu sich selbst. Er ringt mit dem meisten, was hinter ihm liegt, auch mit vielen seiner Erfolge. Bis heute fragt er sich, was er in dieser oder jener Rolle hätte besser machen können. Da strebt einer immer weiter. Vielleicht wirkt er auch deswegen jünger als er ist.

Nie im Leben würde er sich anmerken lassen, welche Kraft es ihn manchmal gekostet haben mag und vielleicht sogar bis heute kostet, Mario Adorf zu sein. Und schon gar nicht würde er sich beschweren oder über irgendetwas klagen. Auch darin ähnelt er einem wie Schmidt.

Was ihn aber dann doch sehr unterscheidet vom Altkanzler: Die Leichtigkeit des Seins, von der so viele Philosophen schreiben und nach der sich so viele ganz normale Menschen sehnen, er verkörpert sie. Und es wird zu einem guten Teil sein Geheimnis bleiben, ob ihm diese Leichtigkeit eher geschenkt war im Leben oder ob sie ihm nicht manchmal doch recht schwerfiel und Mühe bereitete.

Adorf ist ein Undurchsichtiger.

Er selbst übrigens bestreitet, überhaupt ein Geheimnis zu haben. Was genau so richtig wie falsch ist. Er sagt das aus seiner Bodenständigkeit heraus. Und genießt lautlos, dass er selbstverständlich aus mehr als einem Mysterium besteht. Was so selbstverständlich und leicht und lässig an ihm wirkt, hat auch mit einer Strenge zu sich selbst zu tun.

Adorf war den Moden unserer Lifestyle-Zeit weit voraus, denn ihm gelang es schon viel früher, jenen heute vielbeschworenen »Moment« zu leben, den heute ja so viele suchen. Er wusste und weiß bis heute, den berühmten Augenblick verweilen zu lassen. Vielleicht, weil er als Schauspieler ein besonderes Bewusstsein hat für Augenblicke. Sein Leben lang hat er sie schließlich erspielt.

Wenn einem Schauspieler aber gelingt, dass ein paar wenige seiner Augenblicke in den Gedanken und Herzen der Zuschauer bleiben, ist das vielleicht die Meisterschaft.

Welche Bilder sind geblieben von den großen Schauspielern der letzten Jahrzehnte? Von Rühmann mag es der Hauptmann von Köpenick sein. Von Albers sein Auftritt als »La Paloma«-singender Seemann. Von Götz George sein Schimanski. Was wird von Adorf an Bildern überdauern?

Er selbst misstraut den Legenden von Ruhm und Glanz. Immer wieder hadert er auch mit ein paar seiner Filme, mit Drehbüchern, mit Regisseuren, mit sich selbst. Dieser Zweifel ist bei ihm sogar in seine Sprache eingegangen. Adorf hängt an viele seiner Sätze ein »nicht?« ans Ende. Er sagt nicht: »Das ist schön!« Er sagt stattdessen: »Das ist schön, nicht?«

Oft ist dieses »nicht?« sicherlich nur eine sprachliche Angewohnheit. Aber manchmal klingt in ihm so etwas wie ein Zweifeln an der Welt und mehr noch ein wenig Selbstzweifel. Da bleibt einer, der so viel Glück gefunden hat in seinem Leben, auf der Suche. Nach dem Sinn. Nach sich selbst. Da fragt sich einer, der eigentlich restlos überzeugt von sich sein könnte, ob alles richtig war und ist, was er getan hat und noch tun wird.

Eine Dame, die ihn lange und gut kennt und die wie

keine zweite deutsche Journalistin in der Welt der Stars zu Hause war, ist Marie Waldburg. Sie war *die* Society-Journalistin Deutschlands, lange bei der Münchner Abendzeitung, wo sie eine einzigartige Kollegin von mir war, dann bei der »Bunten«. Und selbstverständlich war sie jedes Jahr zum »Oscar« in Los Angeles eingeladen, genauso wie in Cannes oder dem Rosenball in Monte Carlo. Jahrzehntelang feierte sie mit bei Gunter Sachs' legendären Partys in dessen Sankt Moritzer »Dracula«-Club und bei Elton Johns Sommerfesten auf dessen Landsitz in Windsor.

Marie Waldburg hat eine unverkennbar heisere Stimme, aber wenn sie über Mario Adorf spricht, nimmt ihr Timbre weiche, beinahe mädchenhafte Züge an. »Ich bekomme dann auch einen verklärten Blick«, sagt sie jetzt selbst, »weil dieser Mann immer so über allen und allem steht. Diese Lässigkeit! Diese innere Ruhe! Er ist wirklich der Letzte aus dieser Garde der Großen.« Und dann erzählt Marie Waldburg von diesem Moment an ihrem 60. Geburstag, als Adorf ihr Tischpartner war. Als der sich dann irgendwann auf seinen Stuhl stellte, um für seine Freundin jenes Lied aus der »West Side Story« zu singen: »Maria«!

Überhaupt ist es ergiebig, Journalisten nach ihren Adorf-Erlebnissen zu befragen. Die »Spiegel«-Journalistin Bettina Musall etwa schrieb über ihn ein Porträt im Jahr 1992, in einer Zeit also, als das noch unüblich war im »Spiegel«. Dieses Stück nimmt vorweg, was aus Adorf in seinem dritten Lebensdrittel werden sollte.

Musall schrieb damals unter der Überschrift »Bonvivant im Tänzelschritt«: »Und weil es der Schauspieler irgendwie schafft, durchaus attraktiv zu ergrauen, gelingt ihm auf seine Vorruhestandstage auch der Wechsel ins Silberschläfen-Fach – eine Rolle, die dem ehemaligen Leistungsboxer, dessen Körperlichkeit fast bedrohlich vibriert, noch ein wenig ungewohnt zu sein scheint. Wenn sich das Mannsbild in der Rio-Verde-Kulisse eine Davidoff anzündet und den Bonvivant gibt, wirkt er anrührend wie ein Halbstarker, der Angst hat, aus seinem Smoking zu platzen. Er, der beim Gehen oft unwillkürlich in einen Tänzelschritt fällt, als ginge es gleich in die nächste Runde, soll als Kaufhaus-Patriarch Bellheim vor allem stille Präsenz beweisen: kaum Dialoge, keine Pointen, nur den Raum füllen wie Curd Jürgens, bärig und gedankenschwer, einen starken Eindruck machen.«

Heute sind die beiden befreundet und haben 2002 zusammen mit Musalls Ehemann Hans Werner Kilz, dem langjährigen Chefredakteur von »Spiegel« und »SZ«, die Nibelungenfestspiele vor dem Wormser Dom initiiert. Und nun, nach dem Abgang von Dieter Wedel aus Worms, sind sie im Kuratorium vereint und holten Star-Produzent Nico Hofmann als neuen Intendanten. 2018 übergab Adorf dort erstmals einen neu geschaffenen Preis, der seinen Namen trägt, an seine Schauspielkollegin Ursula Strauß.

»Einer Clique gehörte ich nie an«, sagt Adorf, aber man darf sagen, dass er mit außergewöhnlichen

Menschen solche Kultur-Projekte betreibt. Außer mit den Machern der Nibelungenfestspiele ist er auch eng verbunden mit Christiane Kohl, auch sie eine ehemalige »SZ«- und »Spiegel«-Journalistin und Schriftstellerin, die den Frankenberger Literarischen Frühling mitorganisiert. Und so ist Adorf ihr Stargast und Schirmherr dieses Bücher-Festivals in der nordhessischen Heimat der Gebrüder Grimm. Er ist dann einquartiert in Christiane Kohls nahem Elternhaus, das sie nach ihrer Karriere zum Landhaus Bärenmühle umgebaut hat. Ein zwischen grünen Hügeln und tiefen Wäldern verstecktes Refugium samt vorbeirauschendem Feldbach, in das Adorf einmal im Jahr eintaucht. Dort begannen wir auch unsere Gespräche für dieses Buch.

Adorf ist ein Unentwegter. Einer der wenigen, die nie aufhören anzufangen. Es würde ihm nie einfallen, aufzugeben. Nichts mehr zu tun. Er kann nicht anders. Auch da ist er wie Helmut Schmidt, dem man nach seiner Kanzlerzeit ein a. D. hinter seinen Namen hängte. Und der nur zu gern kokettierte mit diesem Titel. Denn außer Diensten war er natürlich nie.

Im Scherz hat Adorf mal in einer Dankesrede nach einer Goldenen Kamera für sein Lebenswerk eine Pointe gesetzt, die deshalb so gut ankam, weil in ihr etwas Wahrheit steckte. Adorf gab in der zähen Zeit zwischen Köhler-Rücktritt, Wulff-Skandal und Gauck-Antritt selbstironisch zu Protokoll: »Als Kandidat für das Amt des Bundespräsidenten stehe ich nicht zur Verfügung!«

Natürlich taugt Adorf nicht zu einem Politiker. Aber seine sogenannten Sekundärtugenden würden jeden Politiker adeln. Nicht umsonst spielte er so einige Könige, Kardinäle, Päpste und Herrscher in seiner Karriere.

Weitermachen!

Sie haben mir gestern Abend erzählt, dass Sie immer versuchen, den Tagen einen Sinn zu geben. Dafür wählen Sie dann ein Buch oder schreiben selber. Gibt es denn auch leere Tagen in Ihrem Leben, in denen Sie sich einfach gehen lassen?
Sicherlich. Es gibt viele solcher Tage, man kann ja nicht immer unter Spannung stehen, man lässt auch mal nach. Dann lasse ich Monique das Privatleben organisieren und mache einfach mit. Wenn z. B. Pausen in den Sommermonaten entstehen, lasse ich mich durchaus treiben.

Was ist für Sie Treibenlassen?
Ich habe dann einfach keine großen Pläne, gehe mit Monique an den Strand, wo ich mein Schwimmprogramm abliefere, man trifft Freunde beim Mittagessen, beim Abendessen – ein durchaus normales Urlaubsleben …

…bis auf die Paparazzi, die Sie in jedem Sommer am Strand in Ihrer neuen Badehose für die »Bild«-Zeitung »abschießen« …
…das stört mich nicht. Und manchmal widersetze ich mich auch bewusst dem Treibenlassen. Dann sage ich

halt, das ist mir zu leer, das ist mir zu banal. Dann sitze ich vorm Computer, an dem ich etwas aufarbeite oder nachlese.

Sie sagten gerade Schwimmprogramm?
Ja, das wird natürlich auch weniger und weniger mit den Jahren …. Früher habe ich eine Stunde geschwommen, dann wurde daraus nur eine halbe Stunde, heute sind es vielleicht noch 20 Minuten, die ich herumpaddle. Ich bin kein Aktivitätsapostel, aber auch kein Senior, der jetzt jubelt und tanzt und das Leben toll findet.

Sie empfinden es als Gnade, dass Sie nicht wie viele andere Männer in Ihrem Alter in einen sogenannten Ruhestand gehen mussten, sondern dass Sie immer weiter viele Aufgaben behalten haben?
Mit dem Wort Gnade bin ich immer vorsichtig. Das ist nicht mein Wort. Ich habe auch Helmut Kohl kritisiert, als der von der Gnade der späten Geburt sprach. Das fand ich ein völlig unpassendes Wort. Denn die späte Geburt als Gnade hinzustellen, als ein Geschenk des Himmels, beleidigt alle anderen, denen diese »Gnade« nicht widerfahren ist, also all die Leute, die draufgegangen sind im Krieg, wenn sie ein Jahr oder zwei älter waren als Kohl. Die sind also dann dieser »Gnade« nicht teilhaftig geworden? Nein, das ist reines Glück.

Sprechen wir also vom Glück, nicht in den Ruhestand zu gehen. Ich kenne einige Männer in Ihrem Alter, die genau dieses Weitermachen vermissen und denen das Nichtstun gar nicht guttut.

Ich habe hier in St. Tropez ein sehr gutes Beispiel als Nachbarn: Axel Ganz, der nach seiner sehr aktiven Laufbahn als Verlegerlegende bei Gruner & Jahr eben auch eines Tages pensioniert wurde. Ich beobachte, wie gut ihm der Ruhestand gelingt. Denn er ist kein Mann, der in ein Loch gefallen ist oder verzweifelt oder gar depressiv wäre, sondern der für sich selber immer neue Aufgaben findet. Der immer die Möglichkeit ergreift, etwas Vernünftiges, für ihn Richtiges und Wichtiges zu tun. Aber es gibt eben auch andere, die diese Fähigkeit nicht haben. Manchmal sind das Freunde, die dann wirklich sehr schnell alt und deprimiert oder hoffnungslos werden. Dann beklagen sie sich, es kommen die Wehwehchen des Alters hinzu und die ganze Liste. Es ist offenbar nicht so einfach auf Dauer. Deswegen kann man es als Glücksfall sehen, wenn man lange gefordert ist, wie es mir passiert ist. Aber nicht als Gnade.

Die beruflichen Anforderungen in den letzten 20 oder zehn Jahren gingen irgendwie einfach immer weiter. Und so habe ich auch nie an Aufhören gedacht. Was hätte ich auch sagen sollen? Jetzt setze ich mich zur Ruhe, mache gar nichts mehr?

Es gibt einige Kollegen von Ihnen, die haben Angst vor dem Ausspruch ihres Publikums: »Na, der kann ja nicht aufhören!«

Das ist richtig, das möchte ich auch nicht. Ich würde

einfach sagen, ich würde dann aufhören, wenn ich geistig und physisch nicht mehr in der Lage wäre, eine Arbeit zu machen. Aber ich kann mir vorstellen, dass es sicher auch jetzt schon Leute gibt, die denken, warum hört er denn nicht auf? Aber die stellen ja nur einen Teil der Frage. Die fragen nicht, was soll er denn sonst machen? Ich kann natürlich Leute verstehen, die physisch gearbeitet haben und irgendwann mal sagen: das langt. Jetzt will ich nicht mehr, mir ist sogar diese Altersgrenze willkommen. Aber diese Haltung muss ich so nicht durchdenken. Für mich heißt es: weitermachen so lange es geht. Aus.

Und wenn es nicht mehr geht, muss man natürlich aufhören. Konsequent. Durchschleppen kommt nicht in Frage. Ich habe nicht den Ehrgeiz und auch nicht den Wunsch, immer älter, noch älter zu werden. Es gibt ja Leute, die sagen, dass sie 90 oder 95 oder 100 werden wollen. Ich habe keinen Wunsch auf ein bestimmtes Alter, ich wundere mich, dass es überhaupt so weit gekommen ist. Als junger Mann habe ich mein Leben mit 70 als beendet angesehen. Wenn du 70 bist und das Jahr 2000 erreichst, dann ist es ja gut … Dass es jetzt so viel länger gedauert hat und noch dauert … Aber wie gesagt, ich habe keinen Ehrgeiz, auch nicht den, möglichst alt zu werden. Ich würde mich auch den ganz natürlichen Gegebenheiten ergeben. Man tut etwas gegen Dinge, die man ändern kann, wo man sich helfen kann, gesundheitlich. Ich bin zwar kein Gesundheitsfanatiker, aber trotzdem. Man ernährt sich etwa vernünftiger, als man es früher vielleicht einmal getan hat. Okay. Aber ich tue es nicht, um das Leben zu verlängern.

Wenig Pasta und ziemlich wenig Wein dienen also nicht zur Lebensverlängerung?
Nein, ich will das Leben damit nicht länger, sondern angenehmer machen. Ich habe ja – toi, toi, toi – bisher ohne große Krankheiten gelebt. Aber keiner stirbt gesund, falls ihm nicht irgendwas auf den Kopf fällt. Also muss ich irgendwann damit rechnen, dass der körperliche Verfall eintritt und schlimmer wird und es auf den Tod hingeht.

Mario und die Männer

Natürlich ist er in seinem Schauspielerleben vielen Männern begegnet, die Männer lieben. Für Mario Adorf war das schon eine Selbstverständlichkeit, als es in der gesamten Republik noch ein Skandal war.

Adorf lebte auf einer Insel der Freiheit in seinen Theatern und Filmen. Und diese Insel suchten auch viele schwule Künstler. Sie sehnten sich nach Oasen, die aus der Enge und dem Muff der Zeit herausragten. Nur dort durften sie auch damals schon wenigstens ein bisschen so sein, wie sie nun mal waren. Selbst in den stickigen 50er Jahren.

Erzählt sei hier von zwei besonderen Begegnungen im Leben dieses Mann-Manns Adorfs mit schwulen Männern. Die ihn oft für seine maskuline Aura mindestens genauso verehrten wie die Damen. Der allererste Kontakt war ein unangenehmer. Dafür wurde das zweite Erlebnis umso schöner und überraschender.

Fangen wir mit der frühen Begebenheit an. Die sich abspielte in einer Zeit, von der Adorf lange annahm, kaum konkrete Erinnerungen an sie zu haben: seine Pubertät. Und dann erhellte sich ganz spät in seinem Leben doch noch eine dunkle Stelle aus ihr. Sie kehrte erst wieder zurück in sein Bewusstsein, als er vor ein paar

Jahren in den Medien so viel über Kindesmissbrauch las, vor allem von jenem durch Erzieher und Geistliche. Adorf sagt heute: »Ich fühlte mich nie missbraucht, aber ich habe verschwiegen, dass ich einmal, wie man heute sagt, sexuell belästigt wurde.« Der Täter war kein Lehrer oder Priester, sondern der Milchmann. Es war während des Krieges, und Mario war etwa zwölf. Eines Abends war er untergebracht bei Verwandten, die eine Bäckerei betrieben. Der Junge war gerne bei ihnen, denn immer fiel dabei eine Semmel, ein halbes Schwarzbrot oder ein Stück Kuchen ab, wenn er bei der langen und lästigen Beschäftigung geholfen hatte, am Monatsende die Brotmarken der Kundschaft aus dem Bäckerladen auf Zeitungsseiten zu kleben.

Eines Abends war es wohl wegen eines Fliegeralarms zu spät geworden, nach Hause zu gehen. Die Verwandten hatten kein zusätzliches Bett und man schickte ihn zu dem netten Milchmann, der allein auf der anderen Straßenseite wohnte und ihm sicher für die Nacht Quartier geben könnte.

»Ich erinnere mich, dass ich in seinem breiten Bett auf der einen Seite lag, er auf der anderen. Er machte das Licht aus. Im Dunkeln hörte ich seinen Atem, der nach Tabak roch. Plötzlich ergriff er unter der Decke meine Hand und zog sie zu sich, legte sie um sein großes steifes Glied und sagte: ›So wird deiner auch bald sein.‹ Ich zog erschrocken meine Hand zurück. Als er mir dann mit seiner wieder nahekam, stieß ich sie heftig zurück und trat unter der Bettdecke ein paarmal nach ihm. Er lachte gutmütig und ließ von mir ab. Dann wollte er wissen, ob ich schon ›wichsen‹ würde. Das sei doch alles ganz natürlich und keine Todsünde, als spürte er, dass mein schlechtes katholisches Gewissen heftig in mir pochte. Man tat Dinge, man beichtete sie, aber man sprach nicht darüber. Ich war entsetzt und brachte kein Wort heraus.«

Von dieser Nacht an ließ ihn der Milchmann in Ruhe, und Mario ging ihm möglichst aus dem Weg. Aber immer, wenn der die rar gewordene Milch brachte, musste Mario sie ihm zähneknirschend freundlich an der Tür abnehmen. Erst viel später sprach der Junge vor seinen Freunden darüber, und der Aufgeklärteste von ihnen, der Möpp, wusste lachend: »Der ist doch schwul!« Mario hörte zum ersten Mal dieses Wort.

Heute sagt er: »Wer wie ich während des Krieges und gleich danach seine Pubertät erlebte, weiß, dass die herrschende Reaktion auf Schwule eindeutig war. Homosexualität war nicht nur ein Verbrechen. Sie galt als etwas ganz Schmutziges, Schmuddeliges, Ekelhaftes, vor dem man sich hüten musste wie vor einer ansteckenden Krankheit. Ich konnte mir bei all meiner Phantasie nicht vorstellen, was diese ›Krankheit‹ bedeutete. Sie war etwas, das sich zwischen Männern und Jungen oder sogar Kindern abspielte. Es musste etwas sein, das entstand, wenn ein Schwuler andere mit seiner Krankheit anstecken wollte. Was konnte man, was musste man dagegen tun? Sich wehren, wenn nötig mit Fäusten. So war meine Reaktion auf die ersten körperlichen Annäherungen heftiges Wegstoßen und das unverblümte Androhen von Prügel.«

Schneller als alle anderen seiner Generation wurde Adorf von diesen Ängsten und Verleumdungen befreit – durch seinen bunten Beruf. Und auch, weil er ziemlich zu Beginn seiner Karriere auch dem großen O. E. Hasse begegnete.

Nach Adorfs erstem Film »Nachts, wenn der Teufel kam …«, spielte er in dem Melodram »Der Arzt von Stalingrad«. Er bekam die sympathische Rolle des hessischen Sanitäters Pelz, die er sich schon im Vertrag des vorigen Films hatte zusichern lassen, um der Gefahr, auf Bösewichter festgelegt zu werden, etwas entgegenzusetzen.

Die Titelfigur in diesem Film verkörperte der damals berühmte O. E. Hasse, der gerade mit dem Film »Canaris« einen großen Erfolg gelandet hatte. Adorf erinnert sich: »Seinen besonderen Ruf als Schauspieler verdankte er nicht zuletzt seiner außergewöhnlichen Stimme. Ich hatte ihn schon in den ›08/15‹-Filmen flüchtig kennengelernt, bewunderte ihn und kannte auch seine Geschichte. Er war bekanntermaßen homosexuell, man erzählte sich, dass er schon während der Nazizeit wiederholt ›auffällig‹ geworden war und zwei Monate im Gefängnis saß. Eine erstaunlich milde Strafe, wenn man weiß, dass der Weg für ›erwischte‹ Homosexuelle geradewegs ins KZ führen konnte. Man wusste auch, dass es ausgerechnet Josef Goebbels war, der Hasse schützte, auch nach späteren Verfehlungen, weil er ihn als Schauspieler sehr schätzte.«

Nun lernte Adorf diesen O. E. Hasse näher kennen. Er war ein wunderbarer Geschichtenerzähler und begeisterte Adorf mit seinen Theater-Anekdoten. Alle Größen der Bühne und des Films der 20er Jahre hatte er persönlich gekannt und mit oder unter ihnen gespielt, darunter so legendäre Namen wie Max Reinhardt, Emil Jannings, Bassermann. Von all diesen Giganten konnte er ganz besondere Einzelheiten zum Besten geben. Adorf war von ihm fasziniert, obwohl er damals noch die alten Zerrbilder über Schwule im Kopf mit sich herumtrug.

Nach der Premiere des Stalingrad-Films saßen die Schauspieler noch lange an der Bar des Frankfurter Hotels Savigny. Hier bestritt O. E., wie er allgemein gerufen wurde, mit seinen viel belachten Geschichten im Alleingang die Unterhaltung. Bis zu später Stunde nur noch er und Adorf übrig blieben. Adorf erinnert sich: »Jetzt erst schien er mich wahrzunehmen. Wir kamen ins Gespräch, und schließlich fragte er mich mit seinem tief rollenden R: ›Marrio, warrum bist du Schauspieler geworrden?‹ Ich brachte wohl nichts für ihn genügend Wohlgeformtes hervor, und so übernahm er es, die Frage für sich selbst zu beantworten: ›Jeder Schauspieler hat einen geheimen Grund für diese doch nicht ganz alltägliche Berufswahl. Ich will dir sagen, Marrio, warum ich Schauspieler geworden bin. Ich hatte ein paar Semester Jura studiert und wäre gerne Anwalt oder gar Richter geworden. Ich wäre dafür auch durchaus geeignet gewesen. Aber wenn eines Tages herausgekommen wäre, dass ich schwul bin, dann wäre es mit der Karriere vorbei gewesen. Beim schwulen Schauspieler ist das anders. Da ist schwul sein fast schon normal, verstehst du? Nicht ganz, aber fast. Zumindest schadet es der Karriere nicht entscheidend.‹«

Da schluckte Adorf ein paarmal verlegen und war doch auch ein wenig stolz, dass der große O. E. mit ihm solch ein intimes Gespräch führte. »Und du?«, fuhr er fort, »was ist bei dir der Grund, Schauspieler geworden zu sein, der eigentliche, der geheime Grund?« Adorf erzählte von seiner unehelichen Geburt, von den Nachteilen, ja, auch Beleidigungen, denen seine Mutter deswegen ausgesetzt war, dass dies aber seines Erachtens bei ihm kein Trauma – oder wie man damals noch sagte: keinen Minderwertigkeitskomplex – hinterlassen habe. »Meinst du?«, beschied O. E. dem ziemlich verdutzten Adorf. Und begann sogleich, die Seele seines jungen Kollegen zu analysieren: »Hast du nicht deswegen dennoch eine größere Anstrengung gemacht als andere in deiner Umgebung? Hast du nicht alles versucht, es in der Schule den anderen nicht nur gleichzutun, sondern besser zu sein?« Adorf schüttelte den Kopf und warf ein, dass er nie der Klassenerste sein wollte, dass er andere mit besserem Wissen oder größerem Fleiß gerne den Vortritt überlassen habe ... Doch Hasse setzte nach: »Aber wolltest du nicht gern der Anführer, der Spaßmacher oder der physisch Stärkste sein? Ganz sicher, das sehe ich dir doch an! Du hast das Zeug zum Leitbullen! Entschuldige. Prost!« Hasse nahm einen kräftigen Schluck und lachte dann sein berühmtes sonores Lachen.

Schon in den vergangenen Stunden hatte er einiges getrunken, Adorf merkte es ihm an, als Hasse vom Barhocker rutschte und meinte: »Gehen wir schlafen. Es war ein schöner Abend und ein erfolgreicher Tag.« Dann hängte er sich bei Adorf ein, und als beide vor dem Lift standen, fragte er: »Kommst du mal mit mir? Ich möchte dir was zeigen.« Adorf war nicht zu betrunken, um zu denken: »Bitte nicht, O. E.!« Aber er ging mit ihm. Hasse schloss seine Zimmertür auf, betrat die riesige Suite, drehte sich um und sah, dass sein Begleiter vor der offenen Tür stehen geblieben war. »Komm doch rein, ich beiße nicht!«

Hasse ging in eine Ecke der Suite und kramte in seinem Koffer. Als er gefunden hatte, was er suchte, drehte er sich verschmitzt lächelnd zu Adorf um. In der geschlossenen Hand hielt er offenbar das, was er ihm zeigen wollte. »Sieh mal, was die Ilse Kubaschewski, unsere Verleihchefin, mir zur Premiere heute geschenkt hat.« Er öffnete die Hand, und Adorf erblickte eine golden glänzende Minox-Kleinbildkamera, damals das feinste und teuerste Geschenk, das man sich wünschen konnte. Adorf erinnert sich: »O. E.'s Augen blitzten vor kindlicher Freude. ›Ist das nicht wunderbar von der geizigen Ilse? – Das musste ich dir zeigen und nun: Good night, mein Lieber!‹ Nach einem Klaps auf meine Schulter zeigte er zur Tür. Ich war entlassen. ›Good night, O. E.!‹ stammelte ich und ging. Auf dem Weg zu meinem Zimmer und noch Stunden danach dachte ich an die vergangene Episode. Vor allem sah ich die jungenhafte Freude in O. E.'s Augen über das goldene Geschenk. Zum ersten Mal erkannte ich etwas in einem viel älteren Schauspieler. Etwas, das mir erst viel später wirklich bewusst wurde als das besondere Privileg, die größte Schwäche und die größte Stärke des Schauspielers: Ein Kind geblieben zu sein! Das heißt, sein ganzes Leben als Erwachsener spielen zu können! Zu dürfen, zu müssen, zu spielen, zu spielen, zu spielen!«

Dieser Satz vom Menschenspieler Mario birgt einen Schlüssel zu seinem Geheimnis in sich. Es geht um das Kind im Manne. Wenn sich dieses Kind fast in seinem ganzen Leben auch gut versteckt hielt unter seiner sehr erwachsenen und zudem männlichen Statur, war es nie mit ihr erwachsen geworden. Man konnte es bloß schwer erkennen, weil Adorf entweder als Herr in Maßanzügen auftrat oder als Schurke in grobschlächtiger Pose und verwegenen Kostümen. Und dann waren da ja immer sein mächtiger Bart, seine Boxerbrust und nicht zuletzt sein im wahrsten Wortsinn hervorragendes Kinn. Hinter all diesen Männlichkeitssymbolen verbarg sich der kleine Junge.

Ist es ein Zufall, dass ein »Mayener Jung« als Skulptur in Adorfs Geburtsstadt an ihn, den größten Sohn des Ortes, erinnert? Und nicht ein älterer Herr? Und dass er selbst mitgeredet hatte und einen Entwurf zeichnete, als ein neuer »Jung« beim Steinmetz bestellt wurde? Der nun am Burggraben Mayens hockt.

Und kommt es von ungefähr, dass dieser Adorf sich mit solcher Hingabe an seine Mutter erinnert? Ihr sogar ein Buch geschrieben hat, »Mit einer Nadel bloß«. Dass er seine Mutter zu sich nahm, als er gerade mal selbst leben konnte vom ersten Schauspieler-Gehalt? Dass er ihre alte Nähmaschine bis heute in seinem Keller in München aufbewahrt?

Es klingt ein bisschen unfreiwilig selbstironisch, wenn Adorf ausgerechnet bei der O. E. Hasse-Anekdote damals wie heute abstreitet, dass dieser Junge sich früh gegen viele Widerstände durchsetzen und behaupten musste. Und dass schon damals ein kleiner Schauspieler in ihm steckte, der diesem Jungen Mario half, das alles, was ihn aufhielt, zu überwinden. Das erkannte Hasse goldrichtig. Aber Adorf wollte es damals nicht recht wahrhaben. Und er tut sich bis heute schwer damit.

Und so hat sich dieser stets so männliche Mann den inneren Jungen erhalten. Selbst wenn er die abgekochtesten Schlitzohren wie in »Lola« oder die gröbsten Brutalos wie in »Via Mala« gespielt hat. Dann verbat Adorf dem Kind in ihm nicht etwa den Mund und befahl ihm, still zu sitzen. Nein, dann ließ er es triumphieren. Ohne dass wir es bemerkten. Wir waren einfach nur gebannt von seinem Spiel. Dass er so spielte wie ein Kind, ahnten wir nicht.

Von seiner großen Kollegin Romy Schneider stammt der Satz: »Stecke deine Kindheit in deinen Rucksack und renne davon. Denn sie ist als Schauspieler das Einzige, was du hast …«

Vielleicht ist Romy Schneider auch an dem Mädchen in ihr zerbrochen, von dem sie wusste, wie verwundbar es ist. Vielleicht meinte ihr Kollege Adorf genau das, als er sagte, dass das Kindbleiben die »größte Schwäche und Stärke« eines Schauspielers beinhaltet. Denn er hat es im Gegensatz zu seiner so wunderbaren, aber auch schmerzlich aufgeriebenen Kollegin Romy Schneider in einer seltenen Art und Weise geschafft, das Kindliche unversehrt zu erhalten und es doch einzubringen in sein Spiel.

Die lieben Kollegen

Ich würde Ihnen gerne einige Kollegennamen nennen und Sie bitten, mir ganz subjektiv zu erzählen, was Ihnen zu diesen Menschen einfällt, was Sie für sie empfinden oder wie Sie sich an sie erinnern. Fangen wir an mit Hans Albers, mit dem Sie als Schauspielstudent in München um die Häuser gezogen sind. Was für ein Mensch war das für Sie?
Ich mochte ihn als eine populäre Figur. Ein Vorbild war er nicht, aber ich mochte seine Art und seine Direktheit. Kortner hat ja gesagt, Herr Albers hat einen Wortschatz von drei Wörtern. Zwei davon sind »Otto Otto«.

Das hat Albers immer gesagt, wenn ihm etwas gefiel …
Er hat ihn nicht als Intelligenzbestie gesehen. Und das war er wohl auch nicht. Er war ein einfacher Mann und konnte die einfachen Gefühle vermitteln.

Und sein Alkoholkonsum? Lag da irgendein Schatten auf diesem Helden? Er hatte alles erreicht, war ein Superstar. Und doch muss irgendetwas Unglückliches in ihm gewesen sein.
Ich glaube, man unterschätzt, dass weite Teile einer ganzen Generation von Schauspielern Alkoholiker waren.

Nicht aus irgendeinem Grunde, sondern sie waren gewöhnt daran, man trank eben. Alle haben getrunken. Ich habe das selbst am Theater ja noch erlebt. Wenn man abends wegging, dann wurde getrunken. Da wurden sogar Trinkspiele gemacht. Ich glaube, das war eine Zeiterscheinung. Dann gab es natürlich noch das krankhafte Trinken von einzelnen Leuten, wenn ich etwa an Juhnke denke. Aber erst einmal haben fast alle getrunken. Warum? Das machte man eben, weiß der Teufel warum.

Ich widerspreche Ihnen ungern, Mario, aber ich glaube, dass die meisten Ihrer Kollegen nicht aus Zeitgeistgründen tranken, sondern weil das teils zerrissene Künstlerseelen waren, die mit sich gerungen haben.
Also, dann sage ich mal so, jedenfalls haben viele auch einfach so getrunken. Wenn man am Theater in den 50er oder 60er Jahren nicht trank, war man ein Außenseiter. Das kam nicht aus einem Bedürfnis oder aus irgendeinem psychologischen Zwiespalt. Zumindest nicht in den Anfängen.

Aber bei vielen geriet es zur Sucht.
Ja, dass es dann da zusätzliche Gründe gab, das mag so sein. Ich selbst hatte immer eine natürliche Schranke. Dabei kannte ich viele, die sich tot getrunken haben.

Vielleicht waren Sie innerlich gefestigter als manche Kollegen?
Ich hatte nicht das Bedürfnis, mich zu betrinken, das stimmt. Ich brauchte den Rausch nicht. Ich konnte gut gelaunt sein, ich konnte lachen, ohne zu trinken. Und dann hatte ich sehr früh das Gefühl, dass der Italiener in mir, gerade der Süd-Italiener – ich spreche nicht vom Norden, das sind ja halbe Germanen – so eine Scheu hat, einen Abstand. Er will die Kontrolle nicht verlieren. Das ist ein ganz Vernünftiger. Man sagt ja immer, die Italiener: wie romantisch. Das stimmt nicht nach meinen Erfahrungen. Romatik ist eine deutsche Erfindung. Die Italiener brauchen die Kontrolle.

Kommen wir zu Hannelore Elsner.
Ich habe Hannelore Elsner schon bei ihrem allerersten Film kennengelernt, das war damals »Endlose Nacht«. Sie war mir schon in den Münchner Kammerspielen aufgefallen. Der Regisseur ihres ersten Films bat mich, einmal durchs Bild zu gehen. Dann hatten wir beide »Die Herren mit der weißen Weste« gedreht und einige andere Filme. Vor allen Dingen haben wir mit Edgar Reitz »Die Reise nach Wien« gedreht. Das ging dann bis »Der letzte Patriarch« und dann »Der letzte Mentsch«. Also eigentlich haben wir unser ganzes Leben immer wieder zusammen gespielt, und natürlich ist da eine schöne Freundschaft entstanden.

Hannelore Elsner strahlt viel Liebe aus, wenn sie Ihnen gegenübersteht.
Ja, das kann man wirklich sagen, sie ist eine gute Freundin. Obwohl wir gar nicht so in privater Verbindung stehen, wie so oft in unserem Beruf. Man sieht sich, man freut sich, wenn man sich wiedersieht und wenn man wieder zusammen zu tun hat. Aber danach läuft dann das Leben meistens anders.

Dann sind wir nun bei Senta Berger, mit der Sie zur selben Zeit in Rom gelebt haben.
Senta Berger ist natürlich auch eine alte Bekannte, wie man so sagt. Wir haben einige Filme zusammen gedreht, mit ihrem Mann Michael Verhoeven. Und dann waren wir sogar zusammen in Amerika, das hat uns ziemlich zusammengeschweißt, so als gemeinsame Erfahrung. Auch als eine beruflich relativ negative Erfahrung, jedenfalls für mich durchaus negativ. Und für Senta nicht grade eine nur positive. Irgendwann sind wir auch mal verwandt gewesen. Sie war ja meine Schwägerin, denn ich war kurz mit der Schwester von Michael Verhoeven verheiratet und habe mit ihr meine Tochter Stella.

Iris Berben …
…ist auch eine ganz wunderbare Frau und Freundin. Wir mögen uns sehr und freuen uns, wenn wir uns begegnen. Obwohl wir gar nicht so viel miteinander gespielt haben, hat sich das seit den frühen Münchner Jah-

ren ganz langsam entwickelt, bis sie dann eben die große Iris Berben wurde.

Mögen Sie auch ihr Engagement für Israel?
Ja, ich bewundere ihr Engagement, ihre ganze Haltung gegen das Vergessen. Das ist ein Anliegen, das ich teile.

Der Filmproduzent und Shoa-Überlebende Atze Brauner hat sich auch sein Leben lang dafür eingesetzt. Sie waren vor kurzem zu seinem 100. Geburtstag eingeladen.
Atze Brauner, hundert Jahre! Ich habe eigentlich mit ihm nur zwei Filme gemacht. Schon zu seinem 90. war ich dabei und hielt eine Rede auf ihn. Was für ein Leben!

Brauner erinnert sich, wie Sie partout nicht in »Am Tag, als der Regen kam« mitspielen wollten. Und wie er Sie dann zum Armdrücken herausforderte. Er hielt wider Erwarten stand und Sie verloren, behauptet er. Brauner musste allerdings danach seinen rechten Arm eine Zeitlang in der Schlinge halten – und konnte angeblich zwei Wochen lang keine Verträge mehr unterzeichnen.
Stimmt nicht ganz. Ich wusste damals nicht, dass Armdrücken einer seiner liebsten Tricks war, Vertragsunterschriften zu erzwingen, und dass er Lex Barker und Bubi Scholz dabei besiegt hatte. Er wollte, dass ich bei einem Sieg den Vertrag sofort unterschreibe, sollte er verlieren, dann gleich am nächsten Morgen. Um beides zu vermeiden, kam ich auf die Idee, ein Unentschieden zu erreichen. Das gelang mir, ich machte mich ohne Unter-

schrift davon und flog mit der Frühmaschine ab. Es gelang ihm aber dann doch, mich umzustimmen.

Ich würde noch gerne auf zwei Künstler eingehen, die keine direkte Kollegen von Ihnen sind und waren, aber die Sie mögen bzw. mochten. Das ist einmal Udo Jürgens.
Udo kannte ich schon von seiner Münchner Anfangszeit, als er in Schwabings Kneipen auftrat. Wir haben uns von Anfang an sehr gemocht und haben uns immer wieder, wo auch immer, gesehen, meist in der Garderobe auf seinen Tourneen. Wir sind beide jahrelang immer im gleichen Hotel in Köln abgestiegen, im »Excelsior Ernst« am Dom. Da waren wir beide sozusagen Stammkunden, ich bin es immer noch. Ja. Er mochte mich offenbar sehr, ich mochte ihn.

Er hat ein Vorbild gesehen in Ihnen, Mario! Das hat er selber betont. Wie sehr hat sein plötzlicher Tod Sie getroffen?
Sehr. Er war für uns ein ganz wichtiger Mann in dieser ganzen Szene. Und es gibt natürlich noch den anderen Udo.

Das wollte ich Sie grade fragen. Was schätzen Sie an Udo Lindenberg?
Auch ihn mag ich sehr. Ich habe nur die Schwierigkeit, ihn zu verstehen. Aber das ist nicht schlimm, ich glaube, das ist ihm auch gar nicht wichtig. Aber man merkt immer seine Herzlichkeit, seine Ehrlichkeit und seine manchmal etwas schräge Sicht. Wenn ich nach

Hamburg reise, bin ich seit Jahrzehnten Gast im »Atlantic«. Und weil Udo so eine Art Dauermieter ist, sehen wir uns dann auch immer. Schon der Portier sagt zu mir, wenn ich komme: Der Udo ist in der Bar oder kommt später oder so. Und dann freue ich mich natürlich, wenn ich ihn wiedersehe.

Mit Katharina Thalbach verbindet Sie wahrscheinlich lebenslang Ihr »Blechtrommel«-Dreh?
Oh ja. Was für eine wunderbare Schauspielerin! Als die Szene gedreht wurde, in der ich als Alfred Matzerath meine zweite Frau Maria, dargestellt von Katharina Thalbach, während der Mittagspause auf dem Sofa besteige, bestand Grass sehr intensiv darauf, dass dies keine sogenannte Liebesszene sei, sondern eine gewalttätige, lieblose Rammelei, eine Fast-Vergewaltigung.

Mit Jürgen Prochnow haben Sie auch mal gedreht.
Mit Prochnow spielte ich zusammen in »Des Teufels Paradies« und in der »Verlorenen Ehre der Katharina Blum«. Das war auch seine erste, glaube ich, wichtige, große Rolle. Dann kam seine Amerikazeit, die schon sehr beträchtlich war. Jetzt ist er wieder zurückgekommen. Ich hab ihn sehr geschätzt, er ist einer der wenigen, der in Amerika wirklich Fuß gefasst hat. Zwar in sehr typischer Weise, eben meist als Bösewicht oder Russe. Aber er macht das sehr gut.

In Ihrer Münchner Wohnung hängt ein Selbstporträt von Hildegard Knef, das sie Ihnen geschenkt hat …
Wir haben in einer Garderobe gesessen in einer Wartezeit. Diese Wartezeiten dauerten damals beim Film noch viel länger. Da haben wir dann gemerkt, dass wir ein gemeinsames Hobby haben. Ich habe damals noch viel gezeichnet, sie hat auch gemalt, besonders gern Aquarelle. Ich mochte sie als Mensch und liebte ihren Humor, diesen echt Berliner Humor. Sie hat ein ganz wunderbares Buch geschrieben. Eines der schönsten Schauspieler-Bücher überhaupt, »Der geschenkte Gaul«. Sie war in jedem Fall eine einmalige Persönlichkeit, eine ganz besondere Frau.

Dann haben Sie sicher bedauert, wie schwer ihre letzten Jahre waren? Das war ja traurig.
Ja, schrecklich. Wenn man nur von einer Operation in die andere geht, nicht? Da habe ich sie lange nicht gesehen. Man verliert sich aus den Augen.

Sie war zuletzt mittellos. Ein Berliner Hotel gab ihr wenigstens ein Zimmer, damit sie nicht obdachlos wurde. Sie besaß nichts mehr.
Das hab ich nicht gewusst. Sie hatte ja viel Erfolg gehabt, auch mit ihren Schallplatten. Aber man weiß, dass das oft nicht genügt, um ein Leben zu fristen.

Nein. Sie hatte eine kleine Kochplatte im Hotelzimmer, auf der sie sich etwas zum Essen warm machen konnte. Das waren bittere letzte Jahre.

Das ist nun wirklich bitter. Leider erfährt man das nicht. Man kriegt es nicht mit. Das ist schade.

München

Wer spontan erfahren will, ob eher Hochmut oder Demut in Mario Adorf steckt, sollte ihm eine Gretchenfrage stellen: Ob er denn selbst findet, dass er ein Weltstar ist? Er wird dann seine beiden dunklen Brauen adorfig hochziehen und seinen Mund marioesk kringeln, um kopfschüttelnd zu murmeln: »Nein, nein, das bedeutet mir nichts. Ich empfinde mich durchaus nicht als Weltstar. Weltstars kommen einzig und allein aus Hollywood.«

So ehrlich diese Sätze auch gemeint sein mögen, so gekonnt ist aber auch deren Darbietung. Denn als Meisterschauspieler weiß Adorf natürlich genau, wie man sich gegen ein solch schönes Etikett scheinbar verwehrt und wie man es möglichst lässig abstreitet.

Denn so tun es alle Helden. Ein wahrer Heroe verneint immer, einer zu sein. Das ist eines seiner unverwechselbaren Kennzeichen.

Sich zu diesem Titel zu bekennen, würde seinen Mythos zerstören, ganz so wie das Erklären eines Witzes dessen Pointe abtötet. Oder könnten Sie sich einen Winnetou denken, der auch nur einen Satz sagen würde über seine Heldentaten? Niemals! Er begeht sie nur. Deswegen – und weil er in echt so gar nichts hat von seinem

»Isch-scheiß-Dich-zu-mit-meinem-Geld«-Haffenloher – schweigt Adorf oder weicht aus, wenn er »Weltstar« genannt wird. Zählt man Adorf dann die Perlenschnur bekannter Filme auf, die er in ganz Europa mit den größten Kollegen und Regisseuren gedreht hat, antwortet er: »Ich hatte das Glück, dass in den 60er und 70er Jahren viele europäische Filme gedreht wurden, meist deutsch-italienisch-französische Koproduktionen. In jedem Land wurde dann ein bekannter Schauspieler engagiert. Aus Deutschland waren das in der Regel Gert Fröbe, Hardy Krüger, Horst Buchholz und irgendwann auch ich. Bei den Damen waren es Senta Berger, Maria Schell und Elke Sommer.«

Adorf, der Weltbürger, lebt in Paris, Saint Tropez und München. Ein frischer Geist weht durch seine Schwabinger Wohngegend, das Universitätsviertel. Noch dazu liegt der »Geschwister Scholl«-Platz nahe und erinnert an die Heldentaten der Widerstandskämpfer. Man kann sich von Herzen daran freuen, dass der Jahrhundertzeuge Adorf ausgerechnet in der Nachbarschaft des Ortes wohnt, an dem Hans und Sophie Scholl ihre mutigen Taten wagten. Und dass er ihre Botschaften und ihr Vermächtnis verehrt. Er steht damit für das andere München. Für das Mutmachende jener Stadt, die einmal »Hauptstadt der Bewegung« war.

Läutet man an seinem Messingklingelschild, knistert kurz darauf seine Stimme durch die Sprechanlage. Die Tür öffnet sich, und man steht in einem Portal mit halbrunder Decke. Der Blick fällt auf volle Briefkästen, hier liest man offensichtlich noch Zeitungen. So viele SZs und FAZs und AZs stecken in ihnen. Adorf wohnt im ersten Stock, und eine Holztreppe führt zu ihm.

Adorf wirft die Espressomaschine an, aus der gleich eine Wolke herauszischt, die einen an ein Café aus dem letzten Rom-Urlaub erinnert. Und klar legt er auch das passende Gebäck dazu, das nach Amaretto schmeckt und aufs Parkett krümelt.

Jeder seiner Schritte knarzt über das Holz, das dann seine ganz eigenen Geschichten erzählt. Bis Adorf selbst seine Stimme erhebt. Die immer dann erst so richtig ins Klingen gerät und die Räume seiner Wohnung ausfüllt, wenn sie beginnt, eine kleine Geschichte zu erzählen. Alles davor, diese ganzen alltäglichen Höflichkeitsformeln oder der Beinahe-Smalltalk, die sich bei anderen Menschen in die Länge dehnen, dauern bei ihm erstaunlich kurz.

Mit Adorf redet man nie lange drumherum. Es fällt einem auch kaum etwas aus der Luft Gegriffenes ein. Wenn man ihm gegenübersitzt, ist es immer wie im Kino. Immer läuft irgendwie ein Film ab. Manchmal hört man ihm so gebannt zu, dass man gar nicht bemerkt, wie er die Stimme grad eben abgesetzt hat und eine Antwort erwartet. Man muss dann schnell zurücktauchen aus dem Film ins Jetzt. Ein paar Worte aber reichen. Denn man möchte vom Film nichts verpassen.

Links liegt das Wohnzimmer. Dort versinken wir in diesen Sesseln, aus denen man sich Stunden später nur mit einem mutigen Ruck wieder herausschaukeln wird, so halb liegend kommt man in ihnen zum Sitzen. An den Wänden leuchten Farben aus abstrakten Bildern. Den Espresso stellen wir ab auf dem Couchtisch, auf dem der obligate Stapel mit Bildbänden liegt.

Rechts das Arbeitszimmer. Adorfs Schreibtisch ist beinahe mehrstöckig geschreinert mit lauter offenen Fächern, in denen Manuskripte liegen. Dinge, die auf ihn warten, mit denen er arbeitet. In der Mitte sein Laptop. Große Fenster lassen in weiten Bögen den weißblauen Tag herein.

In seinem Rücken, unscheinbar für ihn selbst und auch für seine Gäste, stehen einige seiner Preise, die er in den vergangenen sechs Lebensjahrzehnten bekommen hat. Unter ihnen reihen sich noch alte VHS-Kassetten. Vier Stück darunter vom »Großen Bellheim«.

München ist für ihn seit seinen Anfängen an der Falckenberg-Schule künstlerische Heimat. Kaum, dass er 1955 sein erstes festes Engagement bekam an den Kammerspielen, holte er seine Mutter an die Isar. Und sobald er das erste richtig gute Geld verdiente, mietete er ihr ein Haus im feinen Stadtteil Harlaching. Bis er ihr 1970 ein Haus in Grünwald baute. 2004 kehrte er selber wieder zurück nach München, nachdem er die Wohnung in Rom aufgegeben hatte. Denn von Italien, insbesondere von Berlusconi, hatte Adorf damals genug.

Gegen den neuen Hass

Mario Adorf, Sie sind Zeitzeuge des Zweiten Weltkriegs. Haben Sie das Gefühl, dass Sie alles, was Sie damals erlebt haben, weitergegeben haben?

Natürlich gibt es in meiner Vergangenheit Dinge, die ich nicht erzählt habe, Situationen oder Ereignisse meines Lebens, die mir früher unwichtig oder zu persönlich erschienen, die aber aus heutiger Sicht ungewöhnlich und erzählenswert sein können. Das sind gerade Ereignisse, die heute kaum noch zu verstehen sind und Fragen auslösen: Wie konnte das damals passieren? Wie konnten Menschen »wie wir« so anders sein, so anders handeln? Wieso konnten sie so verschiedener Ansichten, Meinungen, Überzeugungen sein? Wieso konnten sie so blind oder so grausam sein? Ich bin in einer Zeit aufgewachsen, als Jude sein ein Todesurteil bedeutete! Als homosexuell sein ein Verbrechen war! Als Prügelstrafe üblich, als Todesangst und Hunger alltäglich waren!

Deswegen würde ich gerne mit Ihnen nicht nur über das Gestern, sondern auch über unsere heutige Zeit sprechen. Es geht mir um die Gegenwart der Vergangenheit. Ich möchte Sie fragen, wie Sie unser Land sehen? Nicht nur politisch. Mich interessiert, was Sie für ein Gefühl haben für unsere Zeit? Was ist da passiert in den letzten Jahren an neuem und altem, längst überwunden geglaubtem Hass?

Ich habe es nach dem Krieg für ausgeschlossen gehalten, dass auch nur ein Mensch noch irgendetwas mit dem Nationalsozialismus und verwandten Ideen anfangen könnte. Das war für mich undenkbar. Dabei hat mir schon 1959 Atze Brauner eine Rolle in dem Film »Am Tag, als der Regen kam« vorgeschlagen, die ich dann auch gespielt habe. Ich spielte da einen jungen Bandenführer, der Ähnlichkeiten hatte mit den heutigen Neonazis. Ich habe diesen Film lange nicht machen wollen, weil ich sagte, das gibt es doch gar nicht mehr. Das war einer meiner großen Irrtümer.

Und ich bin noch heute fassungslos, dass es Leute gibt, die ernsthaft diese ganzen populistischen Ideen verfechten, dass Menschen existieren, die wirklich gegen die Demokratie sind. Diese Demokratie haben die Deutschen doch nach dem Krieg erfolgreich gelernt, man konnte doch fest an sie glauben, und sie hat Deutschland 70 Jahre Frieden und Wohlstand gebracht. Als dann irgendwann die ersten Neonazi-Aufmärsche und Anschläge stattfanden, hab ich das zuerst nicht ernst genommen. Ich habe gedacht, das sind ein paar Verirrte, Schwachsinnige. Und nun breiten die sich wieder aus. Leider nicht nur in Deutschland, sondern in anderen europäischen Ländern. Auch in Italien und Frankreich habe ich das am Anfang nie so ganz ernst genommen. Aber was jetzt in Frankreich und gerade in Italien geschieht, entsetzt mich! Sogar in Amerika, aber vor allen Dingen eben Deutschland. Ich kann nicht verstehen, wie so viele diesen Leuten nachlaufen können. Ich erkenne, dass viele Menschen unzufrieden sind, auch dass viele unsicher geworden sind. Dafür habe ich Verständnis. Aber dann in diese Richtung zu laufen! Ich bin ein leidenschaftlicher Europäer. Ich habe mich schon als Europäer empfunden, als man noch gar nicht von diesem Begriff sprach, als es dieses Europa von heute noch gar nicht gab. Mein ganzes Leben und meine Herkunft stehen dafür. Und so kann ich es wirklich nicht glauben, dass dieses Europa plötzlich nicht nur auf dem Prüfstand steht, sondern bedroht ist. Der Zerfall Europas wäre für mich eine absolute Katastrophe!

Wo glauben Sie, die Ursachen zu erkennen?
Natürlich muss man nach Fehlern suchen. Wo haben die etablierten Parteien Fehler gemacht? Die sind ja offensichtlich, sonst wäre das ja nicht passiert. Diese Volksparteien, die so lange unangefochten waren, zerbröckeln jetzt. Das waren feste Größen. Dass die traditionellen Volksparteien zugunsten dieser nationalistischen Bewegung gerade so schwach werden, ist für mich wirklich schwer zu ertragen. Die AfD ist für mich keine Partei, sie ist eine Bewegung. Und jetzt sitzt diese Bewegung leider im Bundestag und verbreitet dort nicht nur ein schlechtes Klima, sondern gefährdet auch un-

sere Demokratie. Diese Bewegung profitiert nicht nur von den Ängsten, der Unzufriedenheit vieler mit sich selbst und ihren Lebensumständen, sondern natürlich auch von einem mir als Kosmopoliten vollkommen unbekannten Fremdenhass.

Was sagen Sie, Mario, Menschen, die sich fürchten vor einer sogenannten Überfremdung, vor Flüchtlingen, vor einer »Islamisierung«?
Es geht natürlich um schwierige Fragen, und wir müssen unseren Blick auf die ganze Welt richten, auch auf Amerika. Die einfachen Gedanken der Menschen, ihr Anspruch auf die »Scholle«, werden bald nicht mehr gelten. Es wird mir seit Jahren immer klarer, dass sich das nicht erhalten lassen wird. Früher wurde diese »Scholle« verteidigt »bis aufs Blut«. Heute müssen wir uns von dieser Vorstellung verabschieden. Die Welt ist klein geworden. So viele Millionen Menschen sind auf der Flucht und müssen irgendwo hin. Und so wird Angst um den Verlust der »Scholle« geschürt. Jedenfalls sehe ich für die ganze Situation in Europa, politisch und existenziell, sehr, sehr schwarz, tiefschwarz.

Das heißt, Sie haben wenig Hoffnung, wie man die Menschen, die jetzt verloren gegangen sind an die Demagogen, wieder zurückgewinnen könnte für die Demokratie?
Ich habe zuerst gedacht, das sind ein paar Wahnsinnige und Verrückte und Fehlgeleitete. Ich habe es nicht ernst genommen. Und plötzlich ist die Politik erkrankt, die

politischen Kräfte wissen keinen Ausweg mehr. Wie sollten sie auch, wo sie selber in einer so schweren Krise sind? Ich sehe, wie schwer es ist, die Leute zu überzeugen und zurückzugewinnen. Viele sind verbohrt, ihnen fehlt es ganz simpel an Menschlichkeit. Und so laufen sie hinterher, das ist die alte Gefahr, wie beim Nationalsozialismus.

Aber leider hat die Bewegung, von der Sie sprechen, die Politik der Altparteien schon verändert …

Absolut. Und da steht Merkel. Nicht gerade wie ein Fels, aber sie steht alleine in der Brandung. Und sie wird nun ganz massiv angezweifelt und angegriffen. Ihr Niedergang ist nicht mehr wegzuleugnen. Vor Jahren galt sie noch als die mächtigste Frau der Welt, heute ist sie angeknackst. Rettung wird nicht kommen. Sie wird das nicht schaffen.

Ich hatte damals, 2015, sehr viel Verständnis für das, was sie tat. Heute wissen wir, dass es ein Irrtum war, die Grenzen unkontrolliert zu öffnen. Das hat unser Leben wirklich verändert. Viele Menschen fühlen sich bedroht. Und nun geht die ganze Entwicklung in der Welt auf Abschottung hinaus. Aber das wird nicht funktionieren.

Mario, Sie sind einer der wenigen, die die sogenannte »Kristallnacht« noch vor Augen haben. Sie standen am Morgen danach am Fenster des Waisenhauses neben der Schwester, die Ihnen wegen Fiebers verboten hatte, mit den anderen zur Schule zu gehen, und schauten zu, wie die Menschen in Lastern verladen wurden. Sie fragten die Schwester: »Was haben die denn verbrochen?« Und sie sagte: »Das sind Juden.«

Mich hat das Fieber davor bewahrt, mit den Schulkameraden die jüdischen Geschäfte, deren Scheiben eingeschlagen waren, auszuräumen. Das hat mich nie ganz losgelassen. Es war ein Zufall, dass ich damals die Seite gesehen habe, die anderen verborgen geblieben ist. Die anderen Jungs haben nicht gesehen, dass da Juden abtransportiert wurden. Die haben nur die kaputten Geschäfte gesehen und dass man da Schokolade und Spielzeug erbeuten konnte.

Sie haben später manchmal von der Scham gesprochen, etwas Falschem gefolgt zu sein. Sie hätten ja auch sagen können, ich war jung und wurde geblendet.

Es gab 1945 zunächst eine große Enttäuschung. Das war dieses Gefühl, getäuscht worden zu sein. Das war das Erste, neben dem Gefühl der Niederlage. Das war erst einmal keine »Befreiung«, wie viele Leute das später gesehen haben. Es war die Zerstörung Deutschlands. Und dann natürlich, als klar wurde, welche Verbrechen begangen wurden, war da das Gefühl einer Schuld. Unsere Schuld war, dass wir denen, die das verbrochen hatten, hinterhergelaufen sind, dass wir mitgelaufen sind. Darüber konnte man sich nur schämen. Da konnte man nur sagen: Was wurde da mit uns gemacht?

Waren Sie mal an Gedenkorten des Zweiten Weltkrieges, etwa in ehemaligen Konzentrationslagern?
Nein.

Das haben Sie bewusst vermieden?
Das kann ich nicht sagen. Ich hätte sicher Gelegenheit gehabt. Ich weiß es nicht. Wir haben ja »Die Blechtrommel« in Polen gedreht. Da hätte es nahegelegen, mal nach Auschwitz zu fahren. Auf der anderen Seite kannte man das aus den ganzen Dokumentationen. Ich weiß nicht, ob es mir persönlich etwas gebracht hätte. Die Orte zu besuchen, mag manchem helfen, das Schreckliche zu begreifen, das er vorher nicht begriffen hat. Aber ich habe mich sehr früh dafür interessiert und die ersten Bücher gelesen. Wir waren allerdings mit diesem Thema nach dem Krieg in der Schule völlig allein gelassen. Über Politik wurde nicht gesprochen, das stand nicht auf dem Lehrplan. Und die Gräuel der Naziherrschaft waren erst recht kein Thema. Man musste sich alles selber aneignen.

Sie sind vielen Opfern dieser Zeit, den Entkommenen, den Überlebenden auf der Bühne, im Theater, vor der Kamera begegnet. Und Sie haben auch diese große Lücke gespürt, die sich aufgetan hat, weil viele jüdische Künstler ja für immer fort waren.
Das waren als junger Schauspieler ganz wichtige Erfahrungen für mich! Damals, in den ersten Jahren nach dem Krieg, war es erst mal gar nicht so sicher, was weiter geschehen würde. Ob solch eine Katastrophe vielleicht

noch einmal passiert. Viele Schauspieler berichteten mir z. B., wie hilflos und wehrlos sie im Exil waren, weil sie die fremde Sprache nicht beherrschten. Deshalb habe ich damals ganz bewusst meine Sprachkenntnisse immer weiter verbessert, in Französisch und Englisch. Und ich habe Italienisch gelernt. Ich habe sehr viel mit heimgekehrten jüdischen Emigranten zu tun gehabt. Das war für mich eine wichtige, vielleicht die wichtigste Erfahrung, diese Begegnungen mit jenen Menschen, die ich bewunderte.

Sie haben bei Ihrem letzten Bühnenprogramm die Zeilen rezitiert: »Hat nicht ein Jude Augen ... hat nicht ein Jud Hände ...«
Das ist Shakespeare, »Kaufmann von Venedig«, der berühmte Shylock-Monolog. Leider hat der heute, in Zeiten eines wiederkehrenden Antisemitismus, wieder eine Aktualität bekommen.

Ich glaube, dass ein Gegengift gegen dieses ganze Ausgrenzen in einem selbst liegt. In der Fähigkeit von Menschen, sich in andere hineinzudenken. Schauspieler haben damit ja professionell zu tun. Auf dem Grabstein Ihres Kollegen Harald Juhnke steht ein Satz von Max Reinhardt: »Der wahre Schauspieler ist von der unbändigen Lust getrieben, sich unaufhörlich in andere Menschen zu verwandeln, um in den anderen am Ende sich selbst zu entdecken.«
Ein schöner Satz ... auch ein sehr wichtiger Satz, auch ein sehr richtiger Satz. Allerdings: Das Wort »verwandeln«,

das würde ich nicht so stehen lassen. Ich habe den Reichtum dieses Berufs immer so verstanden, dass ich, wenn ich andere Menschen spiele und mich mit ihnen beschäftige, Erfahrungen sammeln konnte, die diese Menschen gemacht haben. Es wurden dann auf einmal auch meine Erfahrungen.

Ich habe das immer verglichen mit einem Marktplatz, von dem aus die verschiedenen Straßen abgehen. Ich kann mir also vorstellen: Ich stehe in einer bayerischen Kleinstadt auf dem Marktplatz, sehe das Wirtshaus und das Rathaus und so weiter. Ich sehe auch die Menschen, die Läden. Aber: Kenne ich damit diese Stadt? Nein. Ich muss in die Straßen hineingehen! Das ist die Arbeit des Schauspielers. Ich gehe leidenschaftlich gerne in diese Straßen, um zu sehen: Wer wohnt dort? Wie leben die Leute? Was sprechen sie? Wie sprechen sie? Was denken sie? Ob das nun der Metzger ist oder der Schlosser oder der Anwalt oder was auch immer. Ich habe immer das Gefühl gehabt, dadurch ein wenig mehr auch über mich selber zu erfahren. Ich kann zwar nicht sagen: Ich habe mehrere Leben gelebt. Aber ich habe zumindest in sehr viele andere Leben hineingerochen. Und manches habe ich mir dabei sogar angeeignet. Deswegen würde ich dieses Reinhardt-Wort »verwandeln« durch »versetzen« ersetzen: Ich verwandle mich nicht in jemand, ich identifiziere mich nicht mit ihm, sondern ich versetze mich in ihn.

Ich kann mich so lange und so gründlich in eine andere Rolle versetzen, bis ich ihr gleiche. Allerdings: Ich bin nicht dieser Andere. Das wird oft missverstanden, wenn man sagt: Ein Schauspieler identifiziert sich mit der Rolle. Er geht völlig in der Rolle auf. Er »ist« die Rolle. Es mag ja sein, dass ich mich so sehr in eine Rolle versetze, dass ich für die Zuschauer mit der Rolle identisch werde. Aber der Schauspieler sollte wissen, dass es so nicht ist. Er stellt es dar. Er versetzt sich in denjenigen. Das ist ein großer Unterschied. Deswegen ist das ein guter Satz von Max Reinhardt, mit einem falschen Wort.

Es ist also eine Schule des Einfühlungsvermögens, wenn man seinen Beruf so ausübt wie Sie. Empathie haben wir in der heutigen Zeit immer weniger. Immer weniger Menschen sind bereit, sich hineinzuversetzen in andere Menschen, auch in das Leid von Menschen, etwa der Flüchtlinge.

Das ist die ganz besondere Aufgabe des Schauspielers. Es wäre aber schön, wenn auch andere Menschen diese Fähigkeit trainierten. Sie sprachen grad das Leid der Flüchtlinge an. Das wollen viele gar nicht sehen. Sie nehmen das Fremdsein, das Anderssein als eine Belästigung, als ein Eindringen in ihre eigene Welt wahr und bleiben bei ihren Vorurteilen. Es gibt diese Angst vor dem, was fremd, was anders ist.

Versteckten und offenen Antisemitismus etwa hat es bei uns seit dem Mittelalter gegeben. Die Scheu vor diesen Leuten, die tüchtig waren, die intelligent waren, die erfolgreich waren. Das ist Shakespeares Thema im »Kaufmann von Venedig«.

Köln

So schön es für München ist, dass Mario Adorf bei allem, was er ist, auch ein Münchner ist, so dringend muss man an dieser Stelle beschreiben, zu welcher Stadt dieser Mann mindestens auch gehört: Und das ist Köln.

Es gibt keine zweite deutsche Stadt, die ihre Abertausende Besucher Tag um Tag, Stunde um Stunde, gleich so tief in ihre Herzkammer lässt wie diese. Jedem, der aus dem Hauptbahnhof tritt, ragen gleich die Türme des Doms vom Himmel entgegen. Aber auch das Gebäude mit der Adresse: »Bahnhofsvorplatz 1«, in dessen Erdgeschoss Kölsch getrunken wird und in dessen dritter Etage der Verlag Kiepenheuer & Witsch residiert, der die Bücher von Heinrich Böll, Günter Wallraff, Uwe Timm und eben Mario Adorf herausgibt.

Um die Ecke liegt dann auch gleich Adorfs Kölner Lieblingshotel. Die Schritte der Hereinspazierenden schluckt der weiche Teppichboden, man kann das Rühren der Silberlöffel in den Teetassen hören.

Adorf gehört als Eifel-Bub aus Mayen fast zu dieser Stadt, die auch Fremde schnell an ihr Herz drückt. Ein paar Künstler haben der Sprache dieser Stadt Lorbeeren geflochten: Wolfgang Niedecken und BAP, die Bläck Fööss – und Adorf in einigen seiner unvergesslichen

Rollen. Da ist z. B. sein mit einem süditalienischen Akzent gepaartes Kölsch, das Adorf als Padrone eines kleinen Italieners in Domnähe draufhat im Kinofilm »Pizza Colonia«. Ein Film, in dem er es tatsächlich wagt, dem Nationalheiligen Willy Millowitsch entgegenzubrüllen, der einen Brauereibesitzer spielt: »Isch mach Pipi in dein Kölsch! Is' sowieso kejne Unterschied!«

»Ja, der Willy, das war ein wirklich lieber Kerl. Der liebte mich offenbar«, erinnert sich Adorf. »Und es gab ja irgendwann mal das Gerücht, ich sei ein unehelicher Sohn von ihm. Wir haben sehr darüber gelacht.«

Millowitsch hing so sehr an seinem Beinahesohn, dass er ihn oft anrief: »Liebschen! Liebschen!«, flötete er dann durch den Hörer, wie nur er es konnte, »warum röfst do misch denn nichens ma aan? Wie jeht et dir denn? Do muss dich doch mal melden beim aale Willy!« Mit diesen Worten erinnert sich Adorf an ihn, und ein bisschen schmerzt ihn dabei sein schlechtes Gewissen, dass er sich nicht genug gekümmert hat in seinem Leben um solche tollen Kollegen. Die gerne sein Freund gewesen wären.

»Das war sehr, sehr rührend, wenn er mich anrief und oft seine Stimme auf meinem Anrufbeantworter hinterließ.« Meist meldete sich Willy, wenn er auf Elba im Urlaub war. Denn im Urlaub langweilte sich einer wie er. »Wir haben sehr gut harmoniert. Und er hat mir sehr viel erzählt und gegeben. Es gab ja schon damals dieses Denkmal für ihn in Köln. Und das zu Recht! Wenn man mit ihm zusammen war, dann gab es natürlich nur Willy. Er war wirklich wunderbar.«

Wir reden jetzt von Willys Ende und wie die Kölner auch das wunderbar feierten. Wie der Leichenwagen noch einmal vor seinem Theater anhielt und ihm Hunderte Fans auf dem Bürgersteig die letzten Standing Ovations gaben. Wie er zuvor im offenen Sarg aufgebahrt dalag in seinem Theater, auf dass sein Publikum sich persönlich verabschieden konnte von ihm. Im weißen Dinner-Jackett, eine Plakette mit einem sibernen Kölner Dom um den Hals. Da merkt Adorf auf: »Ach, das wusste ich gar nicht«, sagt er leise. Weil er Beerdigungen immer gerne meidet. Er, dieser stets so Diesseitige. Der daran glaubt, dass mit dem Tod alles vorbei ist. »Und dass man schnell vergessen wird.« Das sagt er immer. Und es ist etwas, was ich ihm nicht glaube. Nicht glauben will.

Aber da scheint tatsächlich kein Glaube in ihm. Nicht einmal eine Ahnung. Auch kein leises Glimmen. Obwohl er ein Herzenskölner ist und diese Stadt nun mal so überall greifbar katholisch. Aber bei ihm ist da nur ein Nichts, an das er glaubt. Immmerhin gibt es einen Satz, an den er glaubt. Den er mit Leben ausgefüllt hat und der für sich genommen etwas von der Wucht und Entschlossenheit eines Glaubensbekenntnisses hat. Mitten in unseren Gesprächen spricht er ihn aus: »Ich würde alles so wieder tun!«

Welcher freie Mensch träumt nicht davon, diesen Satz gegen Ende seines Lebens so heraussagen zu können wie er?

Da ist keine Angabe in diesen Worten. Denn er meint

ja auch seine Fehler und seine Schatten. Auch zu denen steht er, wenn er bekennt, er würde sie wieder tun.

Und versteckt sich in diesem Satz nicht doch so etwas wie ein winziger Glaube? Zumindest spielt er mit dem Gedanken an die Möglichkeit eines neuen Daseins, an ein »Was wäre wenn …«. Und glaubt ein Atheist wie Adorf nicht ohnehin mehr als ein zweifelnd Gläubiger? Denn er ist sich ja sicher, dass da nichts kommen wird. Er glaubt also an das Nichts. Und wird daher mit mehr Gewissheit sterben als so mancher mit sich ringender Gläubige.

Immerhin: Sollte er sich vielleicht geirrt haben und es gibt doch ein Weiterleben nach dem Tod, so sagt er: »Ich lasse mich überraschen!«

Der schönste Moment

Wir schauen hier in Ihrem Garten in eine paradiesische und friedliche Natur. Und doch haben Sie genau in dieser Gegend einmal Todesangst erlebt. Sie hatten einen Waldbrand unterschätzt und entkamen auf einem nahen Bauernhof den Flammen nur knapp.
Ich hatte den Hausherrn des Hofs, einen Freund, überredet, uns nicht mit den anderen in Sicherheit zu bringen, ich wollte helfen, das Haus vor den Flammen zu retten. Ich wusste nichts über die Gewalt und Gefahr eines solchen Feuers. Wir hatten z. B. gehört: »Ihr braucht nur in die Weinberge zu laufen, Weinberge brennen nicht.« Ein schlimmer Irrtum! Dann hieß es: »Geht ins Haus!« Aber das war schon voller Rauch. Ich hatte es zu lange nicht ernst genommen. Ich hatte allerdings keine Todesangst.

Sie wurden nur gerettet, weil Monique einen Feuerwehrwagen, der zu einer ganz anderen Stelle unterwegs war, aufhielt und zu Ihnen umleitete.
Ja, von diesen Feuerwehrleuten wurden wir gerettet. Sonst wären wir vielleicht verschmort. Es wäre zumindest schlimm geworden. Wir konnten selber gar nicht mehr losfahren. Es brannte alles rundherum, und man

sah nichts mehr. Man war wehrlos. Wir standen nur da und haben unter nassen Decken auf Hilfe gehofft. Jedenfalls bin ich seitdem ein gebranntes – oder ein noch nicht gebranntes – Kind. Ich weiß nun, was diese Gewalten anrichten.

Das ist vielleicht der richtige Moment, um Sie zu fragen, was der schönste und was der schlimmste Moment Ihres Lebens war. Fangen wir mit letzterem an?
Einverstanden. Es gibt halt immer noch die Erinnerung an diese frühen Momente von Todesangst im Krieg. Die halten sich. Und dann habe ich einmal als Erwachsener einen schlimmen Flug erlebt, bei dem ich an einem Tag dreimal wirklich am Tod knapp vorbeigekommen bin. Das waren wohl die schlimmsten Momente. Da war im Vergleich zum Krieg gar nicht mal die große Todesangst. Sondern das war eine bis dahin mir unbekannte, fast klare Angst, dass es zu Ende sein könnte. Die Angst nimmt im Laufe des Lebens ab. Je älter man wird, desto eher sagt man sich: »Na ja, hast ja eigentlich lang genug gelebt.« Man kriegt eine andere Einstellung zum Tod. Es entsteht eine Gelassenheit.

Kommen wir also langsam zum schönsten Moment Ihres Lebens.
Da gibt es einen für mich immer noch sehr gegenwärtigen und absoluten Glücksmoment. Den erlebte ich mit Ellinor, die ich ja viele Schuljahre lang nur verehrt habe und bei der ich erst später versucht habe, sie auch

zu erobern. Was mir lange nicht gelungen ist. Es war schon schwierig, sie überhaupt alleine zu erwischen. Sie wohnte bei einer Tante, bei der Schwester ihrer Mutter. Die war der Anstandswauwau. Wenn ich mal ganz kurz mit ihr alleine war, haben wir höchstens einmal im Hauseingang geschmust. Aber ich erinnere mich an den Tag, als wir bei dieser Tante auf dem Sofa saßen. Die strickte oder las Zeitung und gab auf uns acht. Und als diese Tante dann beim Lesen fest eingeschlafen war und schnarchte, war die Gelegenheit, Ellinor kühner zu streicheln, und es kam der Moment, als sie ganz langsam die Schenkel öffnete.

Das war das vollkommene Glück. Sie liebt mich! Sie lässt mich jetzt wirklich dahin, wo ich hinwill seit Jahren. Und das, obwohl sie sich so katholisch gewehrt hatte. Auf einmal öffnet sich dieser Tabernakel. Also, das war der schönste Moment in meinem Leben. Danach bin ich jubelnd durch die Straßen gelaufen und war selig. Diese Art von totalem Glück, von totaler Freude hatte ich danach nie mehr. Es gab schon Momente, in denen ich sehr zufrieden war oder auch recht glücklich. Aber dieser absolute Moment, der war einmalig.

Das erinnert mich an eines Ihrer Lieblingsgedichte von Brecht, an die »Erinnerung an die Marie A.«. Da geht es auch um eine Jugendliebe, die fortan wie eine Wolke über allem steht und die aber nie wieder erreicht wird.

Das ist ein wunderbares Gedicht. Vielleicht bekommme ich es sogar noch hin, mal probieren: »An jenem Tag im blauen Mond September / Still unter einem jungen Pflaumenbaum / Da hielt ich sie, die stille bleiche Liebe / In meinem Arm wie einen holden Traum / Und über uns im schönen Sommerhimmel / War eine Wolke, die ich lange sah / Sie war sehr weiß und ungeheuer oben / Und als ich aufsah, war sie nimmer da …«

Der Abschied

Sie haben in letzter Zeit ein paar Texte zum Thema Tod und Abschied geschrieben. Ich lese zu Beginn dieses Kapites mal ein Gedicht von Ihnen vor:

Wenn es einmal so weit ist, dass ich mich von dieser Welt
Verabschieden muss, so hoffe ich, dass der Tod
Gnädig daherkommt, nicht so qualvoll sein wird
Wie der meiner Mutter. Wenn mir das erspart bliebe …
Wenn es aber einmal so weit ist, dann
Möchte ich nicht jammern, dann möchte ich nicht weinen
Nicht zurückschrecken, den Horror Vacui nicht empfinden
Ich möchte nicht bedauern, und ich möchte nicht klagen.
Aber ich will nicht plötzlich an irgendein Nachher glauben,
Ich möchte bereit sein, den Gedanken an das absolute Ende
Ohne Angst denken zu können. Ich will mich wappnen
Gegen die Gedanken: Schon? Warum? Es war doch so schön.
Ich möchte nicht den Verlust spüren, diese Welt zu verlassen,
Vielmehr möchte ich diese Welt nicht als Liebender lassen
Nicht als Trauernder, sondern sie lieber verachten,
Mir einfach sagen: In diese Welt wurde ich geboren.
Doch welche Welt war das? Ich habe sie mir nicht ausgesucht.
Ich möchte fragen: Was hat der Mensch aus dieser Welt gemacht?
Ich möchte auch nicht neugierig sein auf das, was nach mir

Mit dieser Welt geschieht. Es kann nur unmenschlicher sein.
Marx sagte, der Tod sei nicht schlimm für den, der stirbt,
Sondern für die, die er hinterlässt. Wer ist das schon?
Ein zwei Frauen, ein zwei Freunde, ein zwei Unbekannte.
Sicher, einige werden bedauern, dass ich nicht mehr bin.
Für ein paar Tage, wenn's hochkommt, bevor sie denken:
Mich hat's noch nicht erwischt. Oder: Er war ja alt genug.
Oder: Der ist doch schon lange tot, habe ich gedacht.
Und meine alten Filme können sie ja weiter sehen.
Aber: Ich möchte die Welt zufrieden verlassen, zufrieden mit dem,
Was ich aus den mir gegebenen Möglichkeiten gemacht habe.
Wenn mir (wie Fontane) auch bewusst ist:
Lirum larum Löffelstiel, alles in allem, es war nicht viel.

Ich möchte Sie nach einem traurigen Moment in Ihrem Leben fragen, nach dem Tod Ihrer Mutter. Die Trauer um sie.

Ja, da würde ich lügen, wenn ich sagen würde, dass mir das nicht nahegegangen ist. Aber ich kann auch nicht sagen, dass er mein Leben verändert hat.

Weil der Abschied recht natürlich war, wenn man wie sie 92 Jahre alt geworden ist?

Sie kam in ein Alter, in dem sie sich wünschte, sterben zu können. In dem sie nicht mehr wollte, sie hatte ihren Optimismus, ihre Lebenslust oder die Freude am Leben verloren.

Wie erinnern Sie sich an diese letzte Zeit mit Ihrer Mutter?
Das war schon schwer. Aber ich habe auch alles, was da mit ihr geschah, sehr genau beobachtet. Ich muss sogar sagen, auch auf mich bezogen.

…Sie stellten sich vor, dass es Ihnen vielleicht einmal so ähnlich gehen wird?
Ja, ich dachte: So wirst du vielleicht auch mal daliegen. Hoffentlich aber nicht so erbärmlich. Sie war ja halbseitig gelähmt nach einem Schlaganfall. Ich hoffte, dass es mir später einmal nicht so passiert. Dass es dann gleich hinhaut. Es wäre mir lieber gewesen, sie hätte diesen Schlaganfall nicht überstanden. So aber hat das Ganze noch zwei, drei Monate gedauert. Es gab ein ganz entscheidendes Erlebnis: Sie hatte mir vor ihrer Erkrankung mitgeteilt, dass sie nicht leiden und kein Pflegefall werden wolle. Dass sie einen Strick im Keller versteckt hätte, an dem sie sich aufhängen würde. Es gab also durchaus Hinweise von ihr, mit denen sie mir sagte, ich möchte, dass es dann vorbei ist. Und nun lag sie da im Krankenhaus, hatte eine Schlucklähmung, und die Ärztin sagte eines Tages zu ihr: »Frau Adorf, Sie müssen was essen! Sonst sterben Sie! Was wollen Sie?« Und da sagte meine Mutter nur: »Leben!« Das war für mich schon ein sehr schlimmer Moment. Denn ich erfuhr, wie stark dann doch der Lebenswunsch ist, bei allem vernünftigen vorherigen darüber Nachdenken, sogar darüber, wie man es zu Ende bringt. Der Erbärmlichkeit ihres Zustands begegnete sie dennoch mit einem

Lebenswunsch … Das hat mir sehr zu denken gegeben, sagen wir mal so.

Sie wollte leben und Sie wussten, es geht nicht mehr, es ist vergeblich.
Ja.

Wäre es Ihnen lieber gewesen, Sie hätte sich diesem Schicksal fügen können?
Einerseits war ich erstaunt, aber es kam mir dann auch wiederum sehr menschlich vor. Wir wissen ja auch, dass die Hoffnung das Letzte ist, was stirbt. Man will offensichtlich immer noch überleben. Dieser Überlebensdrang, die Hoffnung, dass bei aller Vernunft – sie war ja eine sehr bewusst lebende Frau, die eine große Selbstkontrolle hatte – auf einmal dann doch noch so etwas kommt. Dass der Lebenswille gegen alles, was dagegenspricht, sich dann doch noch irgendwie durchsetzt. Das ist offenbar sehr menschlich. Dem wird man auch selber vielleicht nicht entgehen können. Heute würde ich, wie meine Mutter damals, wohl auch sagen, es muss nicht sein, dass man das Leben verlängert. Und natürlich möchte ich nicht gebrechlich werden. Lieber wäre mir dann, dass es vorbei ist. Aber ich weiß eben von meiner Mutter auch, dass das vielleicht nicht gelingt.

Gab es einen Moment, in dem Sie beide bewusst voneinander Abschied genommen haben?
Nein, so eine richtige Abschiedsszene hat es nicht gegeben. Dazu war sie wohl nicht mehr in der Lage. Mir wurde vorher vom Arzt gesagt, es geht zu Ende. Dann war das für mich ein Abschied von ihr. Aber eigentlich begann er schon in der Zeit, in der sie sich nicht mehr ausdrücken konnte. Ich habe sie dann noch lange beobachtet. Der Schauspieler in mir ließ sich in dieser Situation dazu verführen.

Und so schauten Sie ihr zu, um zu sehen: Wie sieht man aus, wenn man stirbt?
Wie ist das? Wie schaut man dann aus? Wie schaut man drein, was erlebt man, was denkt man, was tut sich da noch?

Das war Ihnen sicher selbst nicht ganz geheuer in dem Moment.
Ja, ich habe an meine eigene Sterbeszene gedacht, die irgendwann kommen wird. Auch an die vielen Tode, die ich gespielt habe. Heute muss ich auch sagen, viele davon leichtfertig, etwa in irgendwelchen Actionfilmen oder Western, in denen man sich einfach totschießt. Das Sterben aber selber als ein Erlebnis zu empfinden, das war nun schon etwas anderes.

1962 hatten Sie einen ziemlich spektakulären Autounfall. Wie empfanden Sie damals die Todesnähe?
Auch da sah ich mir wie unbeteiligt zu, in diesen Sekunden, die wie in Zeitlupe zu vergehen schienen. Und das Erste, was ich tat, als der Wagen in einem Feld gelandet war und stand: Ich blickte in den Rückspiegel.

Sicherlich nicht aus Eitelkeit …
Ich wollte nur wissen: Wie sieht einer aus, wenn er gerade dem Tod von der Schippe gesprungen ist? Wenn man so will, ist dieses Hinschauen die Quelle für die schauspielerische Phantasie.

Und was sahen Sie?
Eigentlich nicht sehr viel. Ich wollte mich einfach nur ansehen. Ich war nicht blass, ich zitterte nicht, hatte danach auch keinen Schock.

Wollen Sie sich denn auch selbst beobachten, wenn es wirklich mal ans eigene Sterben geht?
Ich frage mich, wie bewusst wird dieser Moment sein können? Man stirbt ja selten mit klarem Kopf. Aber wenn doch, dann werde ich es mir nicht verkneifen können und denken: »Aha, so stirbt man also wirklich.«

Wie erinnern Sie sich an den 13. Februar 1998?
Das war der Tag, an dem meine Mutter starb. Ich erinnere mich genau. Es war im Krankenhaus München-Harlaching.

Woran genau denken Sie bis heute zurück?
Ich erinnere mich, wie ich sie sehr genau und fast distanziert anschaute, ihr Gesicht ansah, so wie es vielleicht ein Maler getan hätte. Als sie tot war, legte ich ihr die Hände zusammen. Sie sah sehr friedlich aus. Ich hatte sie selten in den letzten Jahrzehnten so friedlich gesehen. Ich wollte sie genau so in Erinnerung behalten. Und nach dem Ende wartete ich auf den großen Schmerz der Trauer. Ich schaute in den Spiegel der Krankenzimmertoilette, beobachtete mein Gesicht und konnte keine Tränen entdecken. Ich wollte nur wissen, wie ich in diesem so traurigen Moment dreinschaue. Wohl eine merkwürdige Berufsdeformation des Schauspielers.

Sie mussten nicht weinen?
Nein. Ich habe an Trauer nicht gedacht in diesem Moment. Ich wollte nur schauen. Ich war immer skeptisch gegenüber zur Schau gestellter, allzu pünktlicher Trauer. Ich glaube, das wird oft gespielt, vorgetäuscht. Vielleicht weil alle erwarten, dass man Trauer zeigen muss. Denken Sie nur an Begräbnisse. Ich möchte nicht wissen, wie viel da geheuchelt wird.

Ihnen wäre also die Adorf'sche Gelassenheit lieber, auch bei Ihrem eigenen Ende?
Man wünscht es sich, aber man weiß es nicht. Man kann das Leben ja nicht ausknipsen. Als ich meiner Mutter zuschaute, sah ich mich selber auch daliegen. Wenn der nächste Mensch, den man hat im Leben, geht, dann

denkt man das wohl. Meine Mutter wollte ja sterben. Sie wollte sogar Schluss machen, kein Pflegefall werden.

Und haben Sie, als sie dann tatsächlich gestorben war, noch mal Abschied von ihr genommen? Saßen Sie dann noch an ihrem Bett?
Ja. Das war aber alles sehr emotionslos, muss ich sagen. Merkwürdigerweise stellt sich die Trauer nicht ad hoc ein. Auch der Verlust, das Bewusstsein des Verlusts stellt sich erst sehr viel später ein. Ich bin auch kein großer Friedhofsgänger. Es gibt ja Leute, die immer gerne zu Begräbnissen gehen, weil sie selber noch nicht dran sind. Ich habe wenige Begräbnisse erlebt. Ich stand wenigen Menschen nahe und habe in dem Sinne auch wenig Menschen verloren. Das muss ich zugeben. Ich habe manchmal natürlich auch das Gefühl gehabt, bei einem Begräbnis zu fehlen, bei dem ich eigentlich gerne dabei gewesen wäre oder es dem Dahingegangenen geschuldet hätte.

Die Trauer hat sich bei mir erst wesentlich später eingestellt, als ich merkte, wie sie fehlt. Ich hatte meine Mutter täglich angerufen, so lange sie noch gesund war und noch nicht den Schlaganfall hatte. Und dann wird einem schon klar, wer da weg ist. Was da fehlt. Wenn man zum Telefon greift, wie jeden Tag …

…und die Nummer noch wählt, aber keiner mehr rangeht …
Die Nummer ist da, der Griff zum Telefon ist noch da, aber derjenige, den man anruft, ist nicht mehr da. Da

fängt eigentlich erst die Trauer an, dass man endlich sagt und weiß, was einem fehlt. Das kann man nicht sofort sehen, wenn man am Sterbebett sitzt.

Haben Sie sie dann in München beerdigen lassen?
Sie wollte eine Seebestattung. Und die habe ich ihr dann auch ermöglicht. Die Urne wurde ins Meer gestreut.

In welches Meer?
Sie wollte gerne, dass ihre Asche in den Golf von Neapel gestreut werde, das war so eine Vorstellung. Sie sagte, der ist dreckig genug, da macht das bisschen von mir auch nichts mehr aus. Sie wollte einfach weg sein! Und das habe ich dann auch einfach geschehen lassen. Ich habe sie weggehen lassen, nicht? Sie war weg. Ich habe nicht irgendwie versucht, sie zu halten, in einem Grab.

Sie hatten ein Grab von vornherein ausgeschlossen?
Ich hatte ihr einen Platz auf dem Grünwalder Friedhof angeboten, ganz in der Nähe ihres Hauses. Aber dann hat sie gesagt: »Und was ist, wenn da mal keine frischen Blumen sind, weil du ja nie da bist?« Dann würden die Leute sagen: »Schau mal, das ist das Grab vom Adorf seiner Mutter. Keine frischen Blumen!« Und dann habe ich gesagt: »Das kann man ja nun wirklich organisieren, das kann ich dir auch versprechen, du hättest dann immer frische Blumen.« »Aber die wären ja dann nicht von dir!« Das war dann die Entscheidung gegen das Grab.

Sie sagte: »Was soll ich da still liegen und keine Blumen haben?« Dann lieber weg sein.

Ich glaube auch, den wirklichen Grund für ihre Abneigung gegen ein Grab zu kennen. Wir beide waren einmal in Neapel bei der Feier des einjährigen Gedenkens des Todes einer Freundin. Wohl eine in Süd-Italien gebräuchliche, feierliche Zeremonie: Die ganze Familie versammelte sich auf dem Friedhof in einer Familiengruft. Da wurde von einem Totengräber vor aller Augen der verweste Leichnam aus einem offenbar provisorischen Sandgrab ausgegraben, die Knochen von den wenigen Resten gereinigt und geputzt, bis das Ganze in einer der kleinen Grabkammern seinen endgültigen Platz fand und mit einer Marmorplatte verschlossen wurde.

Apropos Traditionen – gab es gläubige Menschen in Ihrem Leben, die mal versucht haben, Sie umzustimmen? Sie etwas zum Glauben hin zu bewegen?

Nein, ich bewundere und beneide einige Freunde, die an ein Fortleben glauben. Ich habe diesen Glauben nicht. Ich glaube, dass wir einfach weg sind. Alles andere ist nur ein schöner Traum. Das Leben ist gelebt. Die Musik hat hier gespielt, und sie wird hier aufhören.

Was ist mit dem halb italienischen, von Nonnen katholisch großgezogenen Jungen? Kann der auch nicht an ein bisschen Himmel glauben?

Es gibt für mich da keinen Hoffnungsstrahl. Ich weiß, dass ich viele Menschen schockiere, für die der Glaube an ein Fortleben im Jenseits eine große Stütze ist. Vielleicht ist das Denken an einen Verstorbenen eine Art von Fortleben, wenn man in den Gedanken der Lebenden weiter da ist. Aber ich weiß auch, wie schnell das Vergessen geht.

Also gibt es zum Ende des Lebensweges auch kein Ziel für Sie?
Ich habe schon öfters betagte Menschen sagen hören, dass sie sich auf der Zielgeraden ihres Lebenslaufs wähnen. Das halte ich für ein sehr schiefes Bild. Der Gang zum Tod ist erst einmal ja kein Wettlauf auf ein sichtbares Ziel hin, dem man sich so schnell wie möglich nähern will. Man will viel mehr dieses Ereignis möglichst lange hinausschieben, und ich glaube auch nicht, dass man offenen Auges jene letzte Strecke läuft, eben weil das Ziel ja nicht sichtbar ist. Es ist ja auch kein Lauf, bei Shakespeare ist es der »schleichende Schritt« des Alters …

Wie malen Sie sich denn ganz persönlich diesen Schritt aus?
Vieleicht ist dieser Schritt eine Art Gang durch die Nacht. Kann man sich auf diesen letzten Gang vorbereiten? Will man das überhaupt? Im Allgemeinen schieben die alten Menschen den Gedanken an den Tod möglichst weit hinaus. Oder sie ignorieren ihn ganz. Manche halten sich sogar für unsterblich. Das Schwerste beim Gedanken an den Tod ist die Vorstellung vom absoluten

Ende. Hier haben ja fast alle Religionen den tröstlichen Gedanken an den Glauben, an ein Nachher oder eine Wiedergeburt eingeführt.

Und deswegen wird Sie als Nichtgläubigen auch nichts trösten?
Nichts. Dazu braucht es Mut, wie meine Mutter ihn aufbrachte. Auch wenn das gewiss nicht jedermanns Lösung sein kann. Für den Ungläubigen muss doch das Ende jener Zielgeraden das Ende einer Sackgasse sein. Bei Brecht heißt es: »Und es kommt nichts nachher.« Horaz tröstete sich da mit dem Gedanken: »Non omnis moriar, multaque pars mei vitabit Libitinam …« Was heißt: »Ich werde nicht ganz sterben, ein großer Teil von mir wird dem Tod entgehen.« Früher war es eine geläufige Erkenntnis, dass die Nachwelt »dem Mimen keine Kränze flicht«. Das hat sich im Zeitalter der elektronischen Konservierung sicher sehr geändert. Selbst der nicht durch eine Genietat hervorstechende Durchschnittsmensch kann seit facebook nicht mehr »ganz sterben«. Der bitterste Gedanke beim Wegsein aber ist wohl nicht, dass man nicht mehr da ist, sondern das Unvorstellbare zu denken, dass die Welt ohne einen weitergeht, dass am Samstag dein Verein weiter Fußball spielt, dass es auf einmal für einen selbst unwichtig sein soll, wer Deutscher Meister wird, wer die nächsten Wahlen gewinnt oder ob irgendwann doch die alles vernichtende Atombombe fallen wird …

Und denken Sie manchmal zumindest einen Teil dieses Unvorstellbaren?
Viele, selbst große Geister, haben versucht, sich den Tod nicht als Feind vorzustellen, ihn sich vielmehr zum willkommenen Freund zu machen, oder sie glaubten ihn zu überlisten, indem sie ihm durch Selbstmord zuvorkamen. Oft konnte man auch lesen, dass es nicht die große Angst vor dem Tod sei, sondern die vor dem Sterben, so wie man ja nicht Angst vor dem Fliegen, sondern vorm Abstürzen habe. Aber macht man sich dabei klar, dass diese Angst ja keine weitere Wirkung hat, weil wir ja mit ihr nicht weiterleben müssen? Weil sie ja das nutzlos Letzte ist?

In Ihrem Buch »Himmel und Erde« las ich das Kapitel Ihrer Kindheit und staunte, was Sie für ein toller Messdiener gewesen waren, der die Choräle besonders herausragend vorgetragen hat. So hatte ich die vielleicht irrige Annahme, dass Sie als Junge doch etwas gläubig gewesen sind?
Nein. War ich nicht.

Dann war es die Freude an der Inszenierung, an der Zeremonie? Oder weil Sie es mussten?
Das war auf jeden Fall keine Überzeugung. Schon etwas merkwürdig, dass ich nie zum Glauben fand. Ich weiß nicht, warum. Was macht es so schwierig, an etwas zu glauben, was wir ja letzten Endes nicht beweisen können? Ich weiß es nicht.

Ich dachte, dass ein Schauspieler eine große Imaginationskraft hat und deswegen eigentlich geeignet ist zu glauben. Eher als andere. Weil Sie ja früh in anderen Sphären gefühlt und gedacht haben …
Das schon, aber es ging mir da immer wie in diesem Gedicht von Brecht, das für mich sehr bezeichnend gewesen ist. Obwohl es ja sehr radikal ist. Dieses »Lasst Euch nicht verführen … Es gibt keine Wiederkehr… Der Tag steht in den Türen … ihr könnt schon Nachtwind spüren: Es kommt kein Morgen mehr …«.

Da wollte er sich noch mal vergewissern in seinem Nichtglauben …
Das hat mich beeindruckt. Ich mochte das schon sehr gerne. Dieser Nichtglauben war für mich keine Ausflucht, sondern eine Überzeugung.

Hier kommt nun ein Text zum Thema Tod und Abschied von Ihnen. Er heißt »Der Besucher«:

> »Er kam herein, ohne zu klingeln oder zu klopfen. Das schien mir merkwürdig. Er wirkte eher jung und war ordentlich gekleidet. Er setzte sich unaufgefordert in einen Sessel und schaute mich lange stumm an. Dann sagte er: ›Ich glaube, ich muss mich nicht vorstellen, denn wir kennen uns gut. Besonders in der letzten Zeit haben Sie oft an mich gedacht, sehr oft, denn das ist ungewöhnlich bei einem relativ gesunden Mann. Wenn infarktgefährdete Leute mich sehen, erschrecken sie und

fallen tot um. Es sind ausgerechnet jene, die sich für unsterblich hielten. Sie scheinen nun ganz ruhig und gelassen. Das interessiert mich.‹

Ich setzte mich ihm gegenüber in einen Sessel und versuchte, ihn nicht zu enttäuschen, indem ich ruhig fragte: ›Darf ich Ihnen etwas zu trinken anbieten, oder gibt es für mich so etwas wie eine letzte Zigarette?‹ Er sagte lächelnd: ›Ich weiß doch, dass Sie nicht rauchen. Nein, nein, ich möchte mich nur ein wenig mit Ihnen unterhalten.‹ ›Was möchten Sie wissen, mir scheint doch, dass Sie sowieso alles wissen. Ist Ihr Besuch nun der endgültige, was könnte sonst der Grund sein?‹ ›Hier wissen *Sie* nun wohl etwas nicht, das ich Ihnen gerne verrate: Der letzte, endgültige Besuch ist durchaus nicht immer der erste und einzige. Selbst bei solchen Menschen, die ganz plötzlich zu sterben glauben, durch einen Unfall zum Beispiel, habe ich mich schon vorher ein- oder zweimal sehen lassen. Das haben sie dann durch den Schock des Unfalls wohl vergessen. Und Sie haben mich sozusagen angelockt durch Ihre immer häufigeren Gedanken an mich.‹ ›Als Sie hereinkamen, habe ich Sie für einen Finanzfahnder oder so was gehalten. Aber dann dachte ich doch, dass Sie nicht so langweilig aussehen.‹ ›Sie müssen mir nicht schmeicheln. Ich sehe genauso aus, wie Sie es sich vorgestellt haben.‹ ›Das stimmt, aber wieso lag ich denn mit meiner Vorstellung so richtig? Sie hätten doch auch anders aussehen können.‹ ›Jetzt enttäuschen Sie mich, ich bin doch nur der, den Sie sich ausgedacht haben.‹ Und er lachte, bis ich merkte, dass ich es war, der lachte, denn der Sessel gegenüber war natürlich leer.

Der Sessel ist leer, und irgendwann, nach ein paar Jahren, sind es auch die Gräber. Auch aus denen verschwindet man ja irgendwann. Wollen Sie auch verschwinden?
Also es würde mich nicht groß stören. Die andere Möglichkeit wäre ja, es so zu tun wie mein Freund Peter Berling, der sich sein Grab gekauft und seinen Grabstein selbst entworfen hatte. Wo dann nur noch das Todesdatum eingeschrieben werden musste. Aber diese Art von Vorsorge liegt mir überhaupt nicht. Die Frage, wo ich liegen könnte, sodass andere Leute sozusagen davon etwas haben könnten, dass ich da liege, ist für mich nicht sehr wichtig. Es gibt hier einen sehr schönen Friedhof in Saint Tropez. Aber da könnte man höchstens einen kleinen Platz für eine Urne ergattern. Meine Heimatstadt Mayen würde ihrem Ehrenbürger sicher ein schönes Grab bieten. In München gibt es einen Friedhof, wo sehr viele Freunde und ehemalige Kollegen bestattet sind …

Sie meinen den Bogenhauser Prominenten-Friedhof, auf dem Erich Kästner, Fassbinder und Bernd Eichinger liegen?
Ich weiß es noch nicht. Also mich interessiert das eigentlich sehr wenig. Ich mache mir da keine großen Gedanken. Im Grunde wäre es mir egal.

Ist es Ihnen auch egal, was für Menschen zu Ihrer Beerdigung kommen sollen, was gesprochen werden soll?
Das ist mir auch alles egal.

Tatsächlich?
Ich weiß, dass man sehr schnell der Vergessenheit anheimfallen wird, wie die meisten oder fast alle von mir verehrten, geliebten und bewunderten Leute. Die sind alle vergessen heute. Mit Ausnahme von Legendenfiguren wie Fritz Kortner vielleicht. Aber sonst sind ja alle vergessen. Wer spricht heute noch von einem Friedrich Domin oder Peter Lühr? Da fühle ich mich selbst immer noch verpflichtet, dieses Vergessen möglichst ein bisschen aufzuhalten und das Andenken wachzuhalten an solchen Menschen. Aber ich weiß, dass das Vergessen eine sehr logische und sehr schnelle Sache ist.

Aber vielleicht Ihre Liebsten? Ihre Tochter Stella und Ihre Frau Monique. Die wird es bestimmt interessieren, Mario.
Das weiß ich jetzt gar nicht. Ich habe mit Monique noch gar nicht darüber gesprochen.

Wirklich?
Nein. Wir haben da nicht drüber gesprochen, wo oder wie oder was.

Haben Sie denn eine Vorkehrung getroffen, etwa eine Patientenverfügung?
Ich habe so was mal aufgesetzt, es aber nicht beglaubigen lassen. Das muss man, glaube ich, irgendwie beim Anwalt oder so. Das habe ich nicht und sollte das vielleicht ändern. Aber was sonst danach kommt, das hat mit mir nichts zu tun.

Halten Sie denn einen letzten großen Irrtum für ausgeschlossen? Dass es vielleicht doch ein Leben nach dem Tod gibt?
Dann lasse ich mich überraschen. Aber ich würde nicht sagen, dass ich sozusagen ein bisschen ein Türchen offenlasse. Sondern für mich ist das so. Unser Verstand hat mir die Möglichkeit nicht gegeben, da einen glaubhaften Ausweg zu finden. Also muss ich leben mit meiner eigenen Einschätzung, derzufolge ich sage, es gibt da nichts, und dann ist das vorbei. Es wäre weder eine Hoffnung noch eine Befürchtung. Da sind wir wieder bei meinem Freund Peter Berling. Auf dessen Grabstein steht: »Nec spe, nec metu«. »Weder Furcht noch Hoffnung«.

Aber auf der anderen Seite des Steins war doch noch eine Zeile eingraviert. So etwas wie: »Liebe siegt über alles«.
Genau: »Amor vincit Omnia«. Das sind ja zwei Sätze, die sich nicht widersprechen. Aber diese Hoffnung und diese Furcht würde ich mir beide nicht als Hintertürchen offenlassen wollen. Ich würde mir sagen, das war es, aus, Schluss.

Sie haben gelebt für das Leben. Nicht für das Jenseits. Aber wenn es zu Ende ist, gibt es bei Ihnen etwas zu bereuen?
Es kann schon sein, dass ich da etwas bereue. Dass ich etwa Freundschaften nicht wirklich so gepflegt habe, wie man sie hätte pflegen müssen. Das gehört schon zu den Erkenntnissen, dass man kein exemplarisch tolles Leben geführt hat. Ich habe Fehler gemacht. Und wenn ich diese Fehler gemacht habe, sehe ich die ein, würde sie

aber unter den gleichen Umständen, unter denen ich sie begangen habe, sehr wahrscheinlich noch mal begehen.

Und was waren das für Fehler, außer dem Vernachlässigen von Freundschaften?
Na ja, vielleicht ein paar berufliche Dinge. Etwa, dass ich meinen ersten Billy Wilder-Film abgesagt habe. Da denke ich: Da hast du einen Fehler gemacht.

Oder auch beim »Paten«?
Beim »Paten« war es anders. Da gab es ja nur ein Gespräch. Ich wollte die Rolle des Sohnes von Marlon Brando, also des Paten-Sohnes, nicht die, die mir angeboten wurde. Die lehnte ich ab. Und sicher habe ich falsch auf die Frage reagiert, ob mir eine weitere Rolle als die, die ich mir vorgestellt hatte, aufgefallen sei? Da habe ich nein gesagt. Das war das Ende der Unterhaltung. Aber man wusste ja vorher auch nicht, was der »Pate« letzten Endes als Film bedeuten würde. Aber es gibt ganz wenige, sage ich mal, dicke Fehler, die ich gemacht habe. Ganz wenige. Deswegen habe ich wenig zu bereuen.

Ist es einfacher, an das Sterben zu denken, wenn man anständig gelebt hat? Und zwar anständig im doppelten Sinn des Wortes? Hilft das? Ist es einfacher, als wenn man ein verkorkstes oder gar schlechtes Leben geführt hat oder andere Menschen schlecht behandelt hat?
Es ist ja nun nicht so, dass ich auf den guten Ruf hin gelebt hätte.

Ich meine nicht den Ruf. Ich meine für Sie selbst. Für Sie in Ihrer Lebensbilanz.

Das mag sein, dass sich das so einstellt, das mag so sein. Aber wie gesagt, ich habe nicht anständig gelebt, um mit gutem Gewissen sterben zu können.

Nachwort

Wie ist es, wenn man Abschied nehmen muss von ihm? Wenn man nach einer Woche bei und mit ihm in Frankreich wieder abreist nach Deutschland?

Es ist dann ein bisschen wie früher im Kino. Als man jung und völlig gefangen genommen war von einem Film. So sehr, dass man noch ein paar Minuten nach dem Abspann im Kino sitzen bleiben musste.

Wenn Adorf erzählt, hält er die Zeit an. Und ich erinnere mich an diesen einen Satz von ihm aus seinem Lebenslauf, den er 1953 schrieb zur Aufnahmeprüfung an der Falckenberg-Schule. Als er notierte, dass aus diesem »Ich *will* Schauspieler werden« damals schon ein »Ich muss« geworden war. Dieses »Muss« hat sich lebenslang auf seine Zuschauer übertragen, seine Entschlossenheit, mit der er sie in den Bann schlägt. Auch sie *wollen* nicht bloß, sie *müssen* ihm zusehen und zuhören. Und lange noch sitzen bleiben, wenn sie ihn erlebt haben.

Aber irgendwann steht man dann natürlich doch auf, im Kino oder woanders, und geht wieder zurück in die Wirklichkeit. So wie jetzt beim Abschied von ihm. Und diese Wirklichkeit kommt einem beinahe unwirklich vor. So sehr vermag ein guter Film die Welt umzudrehen.

Nach ein paar Stunden tritt man wieder hinaus, und das Treiben vor dem Filmtheater scheint merkwürdig laut und grell und hektisch geworden. Viel mehr als zuvor. Und doch verlässt man das Kino mit einem kleinen Schweben. Ganz so geht man auch fort von Adorf.

Man versucht, wieder Fuß zu fassen in der Welt da draußen. Aber eigentlich möchte man das gar nicht. Und so nimmt man zum Trost lauter Bilder im Kopf mit nach Hause.

Als ich jung war, nahm ich aus dem Kino Sean Connery als Bruder William in »Der Name der Rose« mit mir mit. Ein paar Jahre später dann Robin Williams in »Der Club der toten Dichter«. Und schließlich Ben Kingsley in »Schindlers Liste«.

Heute bin ich 48 Jahre alt und nehme keinen Kinohelden mehr mit mir mit.

Aber als sich das Tor von Adorfs Haus in Saint Tropez öffnet, weil unsere Zeit zu Ende geht, ist es noch einmal wie damals. Als ob der Vorhang fällt vor der Leinwand und man gerührt und gebannt sitzen bleiben will.

Aber das geht leider nicht. Und deswegen umarmen wir uns. Dann setze ich mich in den Mietwagen und fahre ganz langsam fort von ihm. Ich sehe kaum nach vorne auf die Straße, wie ich es sollte, sondern in den Rückspiegel. Dort auf der Straße vor seinem Haus steht Mario Adorf. Er hebt die Hand, winkt lange nach. Ich winke zurück. Bis ich rechts abbiegen muss. Der Mann verschwindet aus dem Rückspiegel. Und bleibt bei einem. Bis zum nächsten Mal. Bis zur Zugabe.

Ich freue mich, wenn Sie mir schreiben:
marioadorfzugabe@web.de

Tim Pröse

Dank

Von Herzen möchte ich Mario Adorf danken. Für sein Vertrauen, seine Geduld und seine Zugewandtheit.

Mein Dank gilt auch dem Verlag Kiepenheuer & Witsch und allen dort, die an diesem Buch mitgearbeitet haben.

Ganz besonders danke ich Helge Malchow, der alle Schritte begleitet und »Zugabe« betreut hat.

Mario Adorf/Seine Bücher

Der Mäusetöter. Unrühmliche Geschichten. 1992
Der Dieb von Trastevere. Geschichten aus Italien. 1994
Der Fenstersturz und andere merkwürdige Geschichten. 1996
Der römische Schneeball. Wahre und erfundene Geschichten. 2000
Der Fotograf von San Marco: Die italienischen Erzählungen. 2003
Himmel und Erde. Unordentliche Erinnerungen. 2004
Mit einer Nadel bloß. Über meine Mutter. 2005
Bilder meines Lebens. 2005
Schauen Sie mal böse: Geschichten aus meinem Schauspielerleben. 2015

Mario Adorf/Seine Filme, eine Auswahl

1957: Nachts, wenn der Teufel kam/Regie: Robert Siodmak
1958: Das Mädchen Rosemarie/Regie: Rolf Thiele
1959: Das Totenschiff/Regie: Georg Tressler
1963: Winnetou 1. Teil/Regie: Harald Reinl
1970: Deadlock/Regie: Roland Klick
1973: Die Ermordung Matteottis *(Il delitto Matteotti)*/Regie: Florestano Vancini
1975: Die verlorene Ehre der Katharina Blum/Regie: Volker Schlöndorff
1976: Bomber & Paganini/Regie: Nikos Perakis
1979: Die Blechtrommel/Regie: Volker Schlöndorff
1981: Lola/Regie: Rainer Werner Fassbinder
1985: Via Mala/Regie: Paul May
1986: Kir Royal/Regie: Helmut Dietl
1993: Der große Bellheim/Regie: Dieter Wedel
1996: Der Schattenmann/Regie: Dieter Wedel
1997: Rossini – oder die mörderische Frage, wer mit wem schlief/Regie: Helmut Dietl
2014: Der letzte Mentsch/Regie: Pierre-Henry Salfati
2014: Altersglühen – Speed Dating für Senioren/Regie: Jan Georg Schütte
2018: Karl Marx – der deutsche Prophet/Regie: Christian Twente

Ein Geschenkband mit den schönsten Erzählungen von Mario Adorf, Deutschlands bekanntestem und beliebtestem Schauspieler.

»Uneitel und gescheit: Der Erzähler Mario Adorf verdient Respekt.« *FAZ*